Dictation & Listening

중학영어대비를 위한

초등영어 받아쓰기·듣기 10회 모의고사

초등 3학년 ①

발행 **초판 10쇄** 2024년 3월 20일

Chief Editor **양진아** Editorial Director **정하은** Editor **이한주** Writers **이용진, 신재진, 김택, 원희경, 이정현, 이한주**

Audio 녹음 **정하은** Audio 편집 **YR 레코드** Audio 감수 **이한주, 신진실, 신소미, 백경빈** Voice Actors **임승미, Barri Tsavaris, Matthew Rutledge**

교정 **김택, 이정현, 이한주, 신진실, 이옥현, 장신혜** 감수 **Kathy O'Handley, 차성유, 최매란, 신재진** 베타 테스트 **김미옥, 황주영**

디자인 **김연실** 표지 일러스트 **유한숙** 내지 일러스트 **최석현**

발행처 **㈜마더텅** 발행인 **문숙영** 주소 **서울시 금천구 가마산로 96, 708호**

마더텅 홈페이지 www.toptutor.co.kr

마더텅 교재를 풀면서 궁금한 점이 생기셨나요?

교재 관련 내용 문의나 오류신고 사항이 있으면 아래 문의처로 보내 주세요! 문의하신 내용에 대해 성심성의껏 답변해 드리겠습니다.

또한 교재의 내용 오류 또는 오·탈자, 그 외 수정이 필요한 사항에 대해 가장 먼저 신고해 주신 분께는 감사의 마음을 담아

CU 모바일 편의점 상품권 1천 원권 을 보내 드립니다!

＊기한: 2024년 12월 31일 ＊오류신고 이벤트는 당사 사정에 따라 조기 종료될 수 있습니다.

＊홈페이지에 게시된 정오표 기준으로 최초 신고된 오류에 한하여 상품권을 보내 드립니다.

💬 카카오톡 mothertongue @ 이메일 mothert1004@toptutor.co.kr ✉ 문자 010-6640-1064(문자수신전용)

🏠 홈페이지 www.toptutor.co.kr 🖥교재Q&A게시판 🎧고객센터 전화 1661-1064(07:00~22:00)

MOTHERTONGUE
마더텅출판사
since1999.4.1.

초등영어
받아쓰기·듣기
10회 모의고사
**구성에 따른
활용 방법**

영어듣기 모의고사 구성

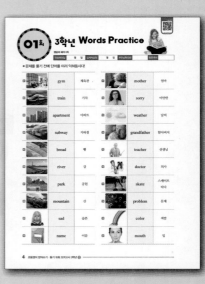

1. Words Practice

본문에 나온 단어를 미리 암기하여
문제에 대한 이해도 상승

단어장에 제시된 단어를
제대로 학습하였는지
테스트를 통해 확인 가능

2. 영어듣기 모의고사

실전 같은 모의고사를 풀면서
영어 듣기 평가 시험에 대비하자!

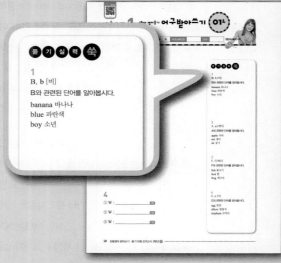

3. 듣기실력쑥

모든 문장에 대한 해석 제공으로
대화의 내용을 보다 쉽게 이해

빈출 표현 및 중요 표현을
확장하여 학습 가능

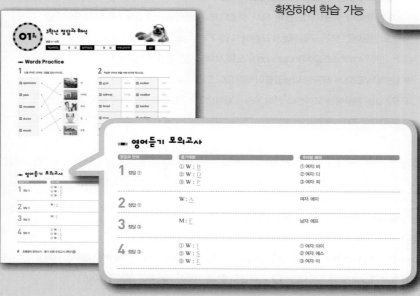

4. 정답과 해석

정답과 단어, 듣기 대본, 우리말 해석을 통한
복습 시스템으로 정답과 해석편만을 가지고도
완전 학습이 가능

빨간색과 파란색으로 처리된 부분을 중심으로
각 회에 나온 단어, 어구 복습

받아쓰기 구성

[총 3단계의 받아쓰기 Step 1 어구 → Step 2 낱말 → Step 3 통문장 받아쓰기]

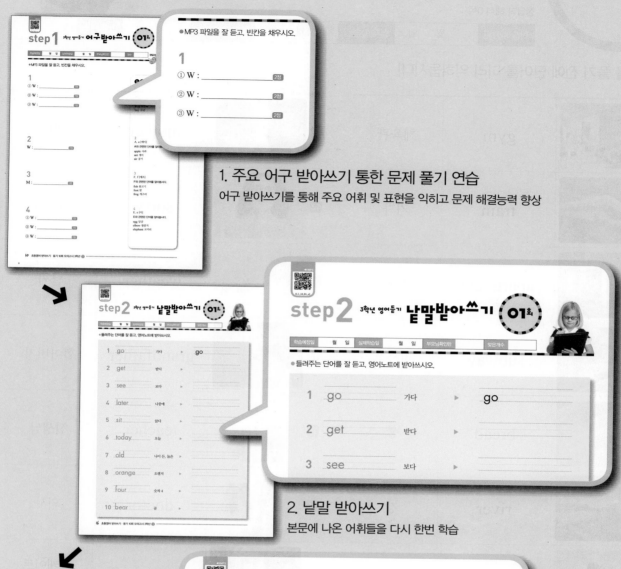

1. 주요 어구 받아쓰기 통한 문제 풀기 연습
어구 받아쓰기를 통해 주요 어휘 및 표현을 익히고 문제 해결능력 향상

2. 낱말 받아쓰기
본문에 나온 어휘들을 다시 한번 학습

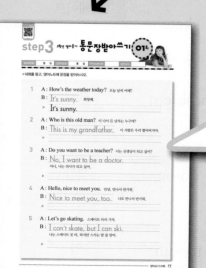

3. 통문장 받아쓰기를 통한 주요 문장 암기
기본적인 회화문장 암기를 통해 말하기 실력 향상

● 문제를 풀기 전에 단어를 미리 익혀둡시다!

01	gym	체육관	11	mother	엄마	
02	train	기차	12	sorry	미안한	
03	apartment	아파트	13	weather	날씨	
04	subway	지하철	14	grandfather	할아버지	
05	bread	빵	15	teacher	선생님	
06	river	강	16	doctor	의사	
07	park	공원	17	skate	스케이트 타다	
08	mountain	산	18	problem	문제	
09	sad	슬픈	19	color	색깔	
10	name	이름	20	mouth	입	

1

다음 주어진 단어와 그림을 일치시키시오.

01 apartment ·

02 park ·

03 mountain ·

04 doctor ·

05 mouth ·

·  산

·  아파트

·  의사

·  입

·  공원

2

학습한 단어의 뜻을 아래 빈칸에 적으시오.

01 gym		**06** mother	
02 subway		**07** weather	
03 bread		**08** teacher	
04 river		**09** problem	
05 name		**10** color	

3학년 영어듣기 모의고사

정답과 해석 0쪽

학습예정일	월 일	실제학습일	월 일	부모님확인란		점수	/100점

1

다음을 잘 듣고, 알파벳에 해당하는 소리를 고르시오. ························· (   )

B b

①   ②   ③

2

다음을 잘 듣고, 들리는 소리와 일치하는 알파벳을 고르시오. ························· (   )

① A a   ② E e

③ I i

3

다음을 잘 듣고, 들리는 소리와 일치하는 알파벳을 고르시오. ·············· (   )

① U u   ② B b

③ F f

4

다음을 잘 듣고, 알파벳과 소리가 일치하는 것을 고르시오. ···················· (   )

① A a   ② C c

③ E e

5

다음을 듣고, 밑줄 친 g의 발음이 나머지와 <u>다른</u> 하나를 고르시오. ·················· (   )

① <u>g</u>ym   ② <u>g</u>o   ③ <u>g</u>et

6

다음을 듣고, 들려주는 수와 일치하는 숫자를 고르시오. ·················· (   )

① **2**   ② **4**

③ **6**

7

다음 중, 교통수단을 나타내는 낱말이 <u>아닌</u> 것을 고르시오. ·················· (   )

①   ②   ③

8

들려주는 낱말을 듣고, 알맞은 뜻을 고르시오.
·················· (   )

① 빵   ② 채소   ③ 고기

9

다음을 듣고, 그림에 해당하는 단어를 고르시오.
·················· (   )

①   ②   ③

10

다음을 듣고, 여자 아이의 모습으로 적절한 것을 고르시오. ·················· (   )

①   ②

③

11

다음 그림의 상황에 남자가 할 말로 적절한 것을 고르시오. ························· (   )

①   ②   ③

12

다음을 듣고, 고마움을 나타내는 표현을 고르시오. ························· (   )

①   ②   ③

13

대화를 듣고, 오늘의 날씨로 적절한 것을 고르시오. ························· (   )

①

②

③

14

대화를 듣고, 누구에 대해서 말하고 있는지 고르시오. ························· (   )

① 할머니   ② 할아버지   ③ 아빠

15

다음을 듣고, 여자 아이가 가진 오렌지의 개수를 고르시오. ························· (   )

① 2개   ② 3개   ③ 4개

16

대화를 듣고, 여자 아이의 장래희망을 고르시오.
························· (   )

① ②

③

17

다음을 듣고, <u>어색한</u> 대화를 고르시오.
························· (   )

①   ②   ③

18

대화를 듣고, 남자 아이가 할 수 있는 것을 고르시오. ························· (   )

① ②

③

19

다음을 듣고, 이어질 응답으로 적절한 것을 고르시오. ························· (   )

M : _____

①   ②   ③

20

대화를 듣고, 이어질 응답으로 적절한 것을 고르시오. ························· (   )

W : _____

①   ②   ③

학습예정일	월 일	실제학습일	월 일	부모님확인란		점수	

정답과 해석 0쪽

● MP3 파일을 잘 듣고, 빈칸을 채우시오.

1

① W : _____ 2점

② W : _____ 2점

③ W : _____ 2점

2

W : _____ 2점

3

M : _____ 2점

4

① W : _____ 2점

② W : _____ 2점

③ W : _____ 2점

듣 기 실 력 쑥

1
B, b [비]
B와 관련된 단어를 알아봅시다.

banana 바나나
blue 파란색
boy 소년

2
A, a [에이]
A와 관련된 단어를 알아봅시다.

apple 사과
ant 개미
air 공기

3
F, f [에프]
F와 관련된 단어를 알아봅시다.

fish 물고기
foot 발
frog 개구리

4
E, e [이]
E와 관련된 단어를 알아봅시다.

egg 달걀
elbow 팔꿈치
elephant 코끼리

● 5번 문제부터는 MP3 파일을 잘 듣고, ㉠, ㉡ 중 알맞은 것을 골라서 따라 쓰시오.

5

① W : _____ 5점

　　　㉠ gym　　㉡ gear

② W : go

③ W : get

6

M : _____ 5점

　　　㉠ seven　　㉡ six

7

① M : train

② M : _____ 5점

　　　㉠ airport　　㉡ apartment

③ M : subway

듣 기 실 력 쑥

5
① gym 체육관
② go 가다
③ get 받다

6
six 숫자 6
숫자와 관련된 표현을 익혀 봅시다.

one 숫자 1	two 숫자 2
three 숫자 3	four 숫자 4
five 숫자 5	six 숫자 6
seven 숫자 7	eight 숫자 8
nine 숫자 9	ten 숫자 10

7
① train 기차
② apartment 아파트
③ subway 지하철
교통수단과 관련된 표현을 익혀봅시다.

car 자동차
bus 버스
boat 배
plane 비행기

8

W : _____ [5점]

　　㉠ bread 　　㉡ cake

9

① W : river

② W : park

③ W : _____ [5점]

　　㉠ sea 　　㉡ mountain

10

M : She is _____ [5점] .

　　　㉠ happy 　　㉡ sad

11

① M : _____ [5점] , my name is Michael.

　　㉠ Hello 　　㉡ Hi

② M : This is my mother.

③ M : I'm sorry.

8
bread 빵

9
① river 강
② park 공원
③ mountain 산

10
남: 그 여자는 슬프다.

감정과 관련된 표현을 익혀봅시다.

sad 슬픈
happy 행복한
angry 화난
glad 기쁜
sorry 미안한

11
① 남: 안녕, 내 이름은 마이클이야.
② 남: 이 사람은 우리 엄마야.
③ 남: 미안해.

12

① W : See you later.

② W : Sit down, please.

③ W : _____ 5점 .

    ㉠ Thank you   ㉡ Sorry

13

W : How's the weather today?

M : It's _____ 5점 .

    ㉠ rainy   ㉡ sunny

14

M : Who is this old man?

W : This is my _____ 5점 .

    ㉠ grandfather   ㉡ father

듣 기 실 력 쑥

12
① 여: 나중에 보자.
② 여: 앉아주세요.
③ 여: 고마워.

13
여: 오늘 날씨가 어때?
남: 화창해.
날씨와 관련된 표현을 익혀봅시다.

sunny 화창한
snowy 눈이 오는
windy 바람이 부는
cloudy 흐린
rainy 비가 오는

14
남: 이 나이 든 남자는 누구야?
여: 이 사람은 우리 할아버지야.
가족과 관련된 표현을 익혀봅시다.

grandfather 할아버지
grandmother 할머니
father 아빠
mother 엄마

15

B : How many oranges do you have?

G : I have _____ [5점] oranges.

　　　　㉠ four　　㉡ five

16

B : Do you want to be a teacher?

G : No, I want to be a _____ [5점].

　　　　㉠ dentist　　㉡ doctor

17

① W : Is it a bear?

　 M : Yes, it is.

② W : I'm sorry.

　 M : You're _____ [5점].

　　　　㉠ welcome　　㉡ become

③ W : Hello, nice to meet you.

　 M : Nice to meet you, too.

듣 기 실 력 쑥

15
소년: 너는 오렌지를 몇 개 가지고 있어?
소녀: 나는 오렌지 4개를 가지고 있어.

16
소년: 너는 선생님이 되고 싶어?
소녀: 아니, 나는 의사가 되고 싶어.
직업과 관련된 표현을 익혀봅시다.

teacher 선생님
doctor 의사
singer 가수
police officer 경찰
cook 요리사
scientist 과학자
firefighter 소방관

17
① 여: 그거 곰이야?
　 남: 응, 맞아.
② 여: 미안해.
　 남: 천만에.
③ 여: 안녕, 만나서 반가워.
　 남: 나도 만나서 반가워.

18

G : Hey, Tom! Let's go skating.

B : I can't skate, but I can _____ [5점].

㉠ ski   ㉡ soccer

G : I can ski, too. Let's go skiing.

19

W : Do you have a _____ [5점]?

㉠ toy   ㉡ doll

① M : Help yourself.

② M : _____ [4점], I do.

㉠ Yes   ㉡ No

③ M : No problem.

20

W : I have a nice bag.

M : What _____ [5점] is it?

㉠ cool   ㉡ color

① W : Yes, I do.

② W : Open your mouth.

③ W : It's green.

듣 기 실 력 쑥

18
소녀: 이봐, 톰! 스케이트 타러 가자.
소년: 나는 스케이트 못 타, 하지만 스키는 탈 줄 알아.
소녀: 나도 스키 탈 줄 알아. 스키 타러 가자.

19
여: 당신은 인형을 가지고 있나요?
① 남: 마음껏 드세요.
② 남: 네, 가지고 있어요.
③ 남: 문제 없어요.

20
여: 나는 멋진 가방을 가지고 있어.
남: 그건 무슨 색깔이야?
① 여: 응, 가지고 있어.
② 여: 입 벌려.
③ 여: 초록색이야.

step 2

3학년 영어듣기 **낱말받아쓰기** 01회

| 학습예정일 | 월 일 | 실제학습일 | 월 일 | 부모님확인란 | | 맞은개수 | |

●들려주는 단어를 잘 듣고, 영어노트에 받아쓰시오.

1	go	가다	▶	go
2	get	받다	▶	
3	see	보다	▶	
4	later	나중에	▶	
5	sit	앉다	▶	
6	today	오늘	▶	
7	old	나이 든, 늙은	▶	
8	orange	오렌지	▶	
9	four	숫자 4	▶	
10	bear	곰	▶	

step3 3학년 영어듣기 통문장받아쓰기 01회

학습예정일	월 일	실제학습일	월 일	부모님확인란	맞은개수

● 대화를 듣고, 영어노트에 문장을 받아쓰시오.

1 A : How's the weather today? 오늘 날씨 어때?

B : It's sunny. 화창해.

▶ It's sunny.

2 A : Who is this old man? 이 나이 든 남자는 누구야?

B : This is my grandfather. 이 사람은 우리 할아버지야.

▶

3 A : Do you want to be a teacher? 너는 선생님이 되고 싶어?

B : No, I want to be a doctor.

아니, 나는 의사가 되고 싶어.

▶

4 A : Hello, nice to meet you. 안녕, 만나서 반가워.

B : Nice to meet you, too. 나도 만나서 반가워.

▶

5 A : Let's go skating. 스케이트 타러 가자.

B : I can't skate, but I can ski.

나는 스케이트 못 타, 하지만 스키는 탈 줄 알아.

▶

02회 · 3학년 Words Practice

정답과 해석 3쪽

| 학습예정일 | 월 | 일 | 실제학습일 | 월 | 일 | 부모님확인란 | | 맞은개수 | |

● 문제를 풀기 전에 단어를 미리 익혀둡시다!

01		elephant	코끼리	11		birthday	생일
02		school	학교	12		fruit	과일
03		rabbit	토끼	13		banana	바나나
04		close	(눈을) 감다, (문을) 닫다	14		English	영어
05		umbrella	우산	15		soccer	축구
06		piano	피아노	16		bike	자전거
07		door	문	17		chicken	닭, 치킨
08		black	검은색	18		dog	개
09		happy	행복한	19		hungry	배고픈
10		because	왜냐하면	20		apple	사과

1

다음 주어진 단어와 그림을 일치시키시오.

01 school   •

02 umbrella   •

03 birthday   •

04 bike   •

05 apple   •

•  사과

•  우산

•  학교

•  자전거

•  생일

2

학습한 단어의 뜻을 아래 빈칸에 적으시오.

01 elephant		**06** fruit	
02 rabbit		**07** English	
03 piano		**08** soccer	
04 because		**09** chicken	
05 happy		**10** hungry	

1

다음을 잘 듣고, 알파벳에 해당하는 소리를 고르시오. ·························· (   )

G g

①   ②   ③

2

다음을 잘 듣고, 들리는 소리와 일치하는 알파벳을 고르시오. ·················· (   )

① **Z z**   ② **D d**

③ **J j**

3

다음을 잘 듣고, 들리는 소리와 일치하는 알파벳을 고르시오. ················ (   )

① **J j**   ② **E e**

③ **R r**

4

다음을 잘 듣고, 알파벳과 소리가 일치하는 것을 고르시오. ···················· (   )

① **W w**   ② **S s**

③ **U u**

5

다음을 듣고, 그림과 일치하는 낱말을 고르시오.
···································· (   )

①   ②   ③

8

다음 그림을 보고, 남자 아이가 어머니께 할 말로 가장 적절한 것을 고르시오. ······· (   )

①   ②   ③

6

다음을 듣고, 장소를 나타내는 낱말이 <u>아닌</u> 것을 고르시오. ························ (   )

①   ②   ③

9

다음을 듣고, 두 사람이 보고 있는 동물을 고르시오. ···························· (   )

①    ②

③

7

다음 낱말을 듣고, 알맞은 뜻을 고르시오.
···························· (   )

① 바다   ② 박물관   ③ 병원

10

다음 그림의 상황에 남자 아이의 엄마가 할 말로 적절한 것을 고르시오. ············ (   )

①   ②   ③

11

다음을 듣고, 문을 닫아달라고 부탁할 때 할 수 있는 말을 고르시오. ·············· (   )

①   ②   ③

12

다음을 듣고, 여자가 가지고 있는 가방의 색깔을 고르시오. ····························· (   )

① 검은색   ② 파란색   ③ 빨간색

13

대화를 듣고, 누구에 대해서 말하고 있는지 고르시오. ····································· (   )

① 형   ② 삼촌   ③ 남동생

14

대화를 듣고, 남자 아이가 할 수 있는 것을 고르시오. ································· (   )

①   ②

③

15

대화를 듣고, 지금 날씨를 고르시오.
.... (   )

①

②

③

16

대화를 듣고, 남자 아이의 기분으로 적절한 것을
고르시오. .... (   )

①

②

③

17

대화를 듣고, 여자 아이가 가진 과일의 총 개수를
고르시오. .... (   )

① 3개   ② 4개   ③ 5개

18

다음을 듣고, 자연스러운 대화를 고르시오.
.... (   )

①   ②   ③

19

다음을 듣고, 이어질 응답으로 적절한 것을 고르
시오. .... (   )

M : _____

①   ②   ③

20

다음을 듣고, 이어질 응답으로 적절한 것을 고르
시오. .... (   )

W : _____

①   ②   ③

step 1 3학년 영어듣기 **어구받아쓰기** ⓪2회

학습예정일	월 일	실제학습일	월 일	부모님확인란		점수	

정답과 해석 3쪽

● MP3 파일을 잘 듣고, 빈칸을 채우시오.

1

① M : _____ 2점

② M : _____ 2점

③ M : _____ 2점

2

M : _____ 2점

3

W : _____ 2점

4

① W : _____ 2점

② W : _____ 2점

③ W : _____ 2점

듣 기 실 력 쑥

1
G, g [쥐]
G와 관련된 단어를 알아봅시다.
good 좋은
give 주다
gold 금

2
D, d [디]
D와 관련된 단어를 알아봅시다.
desk 책상
day 하루
doll 인형

3
R, r [알]
R과 관련된 단어를 알아봅시다.
red 빨간색
run 달리다
rain 비

4
W, w [더블유]
W와 관련된 단어를 알아봅시다.
wind 바람
window 창문
wash 씻다

●5번 문제부터는 MP3 파일을 잘 듣고, ㄱ, ㄴ 중 알맞은 것을 골라서 따라 쓰시오.

5

① M : dog

② M : elephant

③ M : _____ 4점

　　ㄱ cat　　　ㄴ pig

6

① W : school

② W : _____ 5점

　　ㄱ mouse　　　ㄴ computer

③ W : park

7

M : _____ 5점

　　ㄱ hospital　　　ㄴ hotel

8

① B : Thanks, Mom.

② B : See you again soon.

③ B : _____ 3점 .

　　ㄱ I'm okay　　　ㄴ I'm sorry

9

M : Wow! Look over there. It's a _____ 5점.

                        ㉠ rabbit   ㉡ rat

W : Oh, it's so cute!

10

① W : Close your eyes.

② W : Come here.

③ W : Take your _____ 3점.

                    ㉠ coat   ㉡ umbrella

11

① M : Can you play the piano?

② M : _____ 5점 the door, please.

      ㉠ Close   ㉡ Open

③ M : Open the window, please.

12

M : What color is your bag?

W : It's _____ 5점.

      ㉠ blue   ㉡ black

듣 기 실 력 쑥

9
남: 우와! 저기 봐. 토끼다.
여: 오, 너무 귀엽다!

10
① 여: 눈 감아.
② 여: 이리 와.
③ 여: 우산 가지고 가.

11
① 남: 당신은 피아노를 연주할 줄
    알아요?
② 남: 문 닫아주세요.
③ 남: 창문 열어주세요.

12
남: 너의 가방은 무슨 색깔이야?
여: 검은색이야.

색깔과 관련된 표현을 익혀봅시다.

yellow 노란색
green 초록색
white 하얀색

13

M : Who is this guy? Is this your _____ 4점 ?

㉠ older brother   ㉡ younger brother

W : Yes, he is. He likes playing basketball.

14

G : Hey, Jake. Can you play the guitar?

B : No, I can't. But I can _____ 4점 the violin.

㉠ play   ㉡ pay

G : Wow, it's awesome!

15

M : What's the weather like?

W : It's _____ 5점 now.

㉠ raining   ㉡ snowing

13

남: 이 남자는 누구니? 네 남동생이
야?

여: 응, 맞아. 그는 농구하는 것을
좋아해.

14

소녀: 이봐, 제이크. 너 기타 칠 수
있어?

소년: 아니, 못 쳐. 하지만 바이올린
은 켤 줄 알아.

소녀: 우와, 멋진데!

악기와 관련 표현을 익혀봅시다.

play the guitar 기타를 치다
play the violin 바이올린을 켜다
play the piano 피아노를 치다

15

남: 날씨가 어때?
여: 지금 눈이 내리고 있어.

16

G : Are you _____ 3점?

    ㉠ sad   ㉡ happy

B : Yes, I am.

G : Why?

B : It's because today is my birthday.

17

B : _____ 4점 fruits do you have?

    ㉠ How many   ㉡ How much

G : I have _____ 4점 bananas and

    ㉠ ten   ㉡ two

_____ 4점 oranges.

    ㉠ three   ㉡ two

18

① W : Can you _____ 5점 English?

    ㉠ talk   ㉡ speak

  M : Yes, I _____ 3점.

    ㉠ can   ㉡ can't

② W : Do you like playing soccer?

  M : Nice to meet you, too.

③ W : Do you have a bike?

  M : I'm 7 years old.

16
소녀: 너는 행복해?
소년: 응, 맞아.
소녀: 왜?
소년: 왜냐하면 오늘이 내 생일이기 때문이야.

17
소년: 너는 과일을 몇 개 가지고 있어?
소녀: 나는 바나나 두 개와 오렌지 세 개를 가지고 있어.

18
① 여: 너는 영어로 말할 줄 알아?
　남: 응, 할 줄 알아.
② 여: 너는 축구하는 것 좋아해?
　남: 나도 만나서 반가워.
③ 여: 너는 자전거를 가지고 있어?
　남: 나는 7살이야.
'할 수 있다'는 표현을 익혀봅시다.

I can speak Japanese.
나는 일본어로 말할 줄 알아.
I can play soccer.
나는 축구를 할 줄 알아.
I can do it.
나는 (그것을) 할 수 있어.

19

W : Do you _____ [3점] chickens?

      ㄱ like   ㄴ hate

① M : You're welcome.

② M : Yes, _____ [3점].

      ㄱ I do   ㄴ I don't

③ M : No, it is a dog.

20

M : How _____ [3점] are you?

      ㄱ young   ㄴ old

① W : I'm 10 _____ [4점].

      ㄱ years old   ㄴ days old

② W : Yes, I am hungry.

③ W : I have five apples.

듣 기 실 력 쑥

19
여: 너는 닭을 좋아해?
① 남: 천만에.
② 남: 응, 좋아해.
③ 남: 아니, 그건 개야.

20
남: 너는 몇 살이야?
① 여: 나는 10살이야.
② 여: 응, 나 배고파.
③ 여: 나는 사과 5개를 가지고 있어.

학습예정일	월 일	실제학습일	월 일	부모님확인란		맞은개수	

● 들려주는 단어를 잘 듣고, 영어노트에 받아쓰시오.

1 cat   고양이   ▶   cat

2 park   공원   ▶

3 hospital   병원   ▶

4 eye   눈   ▶

5 open   열다   ▶

6 window   창문   ▶

7 guy   남자, 사내   ▶

8 basketball   농구   ▶

9 weather   날씨   ▶

10 meet   만나다   ▶

학습예정일	월 일	실제학습일	월 일	부모님확인란		맞은개수	

● 대화를 듣고, 영어노트에 문장을 받아쓰시오.

1 A : What color is your bag? 너의 가방은 무슨 색깔이야?

B : It's black. 검은색이야.

▶

2 A : Can you play the guitar? 너 기타 칠 수 있어?

B : No, I can't. 아니, 못 쳐.

▶

3 A : Are you happy? 너는 행복해?

B : Yes, I am. 응, 나는 행복해.

▶

4 A : Do you like chickens? 너는 닭을 좋아해?

B : Yes, I do. 응, 좋아해.

▶

5 A : How old are you? 너는 몇 살이야?

B : I'm 10 years old. 나는 10살이야.

▶

03회 3학년 Words Practice

정답과 해석 6쪽

| 학습예정일 | 월 일 | 실제학습일 | 월 일 | 부모님확인란 | | 맞은개수 | |

● 문제를 풀기 전에 단어를 미리 익혀둡시다!

01	hat	모자		11	great	좋은, 훌륭한	
02	boat	배		12	hot	더운, 뜨거운	
03	egg	달걀		13	sun	해	
04	foot	발		14	under	아래로	
05	dinner	저녁		15	watch	보다	
06	baseball	야구		16	wake up	일어나다, 깨다	
07	pencil	연필		17	flower	꽃	
08	blue	파란색		18	picture	사진	
09	sandwich	샌드위치		19	ski	스키 타다	
10	bakery	빵집		20	fine	잘, 좋은	

1

다음 주어진 단어와 그림을 일치시키시오.

01 boat	•	 •	보다
02 foot	•	 •	샌드위치
03 sandwich	•	 •	발
04 watch	•	 •	꽃
05 flower	•	 •	배

2

학습한 단어의 뜻을 아래 빈칸에 적으시오.

01 fine		06 bakery	
02 wake up		07 hot	
03 baseball		08 under	
04 pencil		09 picture	
05 blue		10 ski	

03회 3학년 영어듣기 모의고사

정답과 해석 6쪽

| 학습예정일 | 월 일 | 실제학습일 | 월 일 | 부모님확인란 | | 점수 | /100점 |

1

다음을 잘 듣고, 알파벳에 해당하는 소리를 고르시오. ·························· (   )

Pp

①   ②   ③

2

다음을 잘 듣고, 들리는 소리와 일치하는 알파벳을 고르시오. ·························· (   )

①   ②

Uu   **Qq**

③

Ww

3

다음을 잘 듣고, 들리는 소리와 일치하는 알파벳을 고르시오. ·························· (   )

①   ②

Ee   **Cc**

③

Bb

4

다음을 잘 듣고, 알파벳과 소리가 일치하는 것을 고르시오. ·························· (   )

①   ②

Bb   **Pp**

③

Hh

5

다음을 듣고, 빈칸에 알맞은 글자를 고르시오.
······························ (   )

( )iver

① l   ② g   ③ r

8

다음 중, 과일을 나타내는 낱말이 <u>아닌</u> 것을 고르시오. ····················· (   )

①   ②   ③

6

다음을 듣고, 그림에 해당하는 단어를 고르시오.
······························ (   )

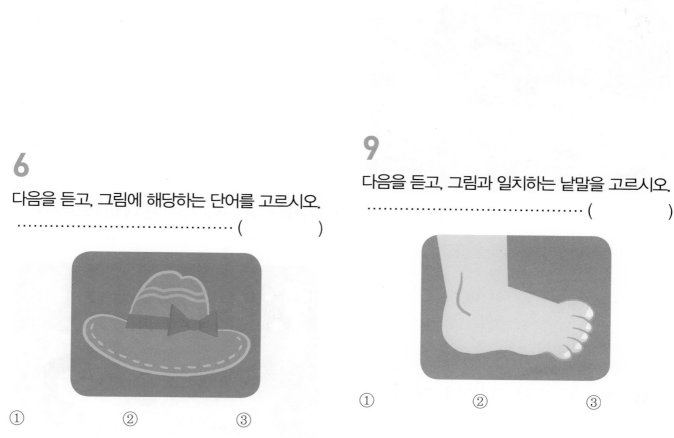

①   ②   ③

9

다음을 듣고, 그림과 일치하는 낱말을 고르시오.
······························ (   )

①   ②   ③

7

다음 낱말을 듣고, 알맞은 뜻을 고르시오.
······························ (   )

① 빵   ② 배   ③ 옷

10

다음을 듣고, 친구와 헤어질 때 할 수 있는 표현을 고르시오. ····················· (   )

①   ②   ③

11

다음을 듣고, 그림과 일치하는 것을 고르시오.
························· (   )

①   ②   ③

12

대화를 듣고, 지원이의 연필 색깔을 고르시오.
························· (   )

① 파란색   ② 노란색   ③ 주황색

13

대화를 듣고, 여자가 먹고 싶어하는 것을 고르시오. ························· (   )

① 샌드위치   ② 주스   ③ 파스타

14

대화를 듣고, 두 사람이 무엇에 대해 말하고 있는지 고르시오. ···················· (   )

① 장래 희망
② 날씨
③ 숙제

15

다음을 듣고, 그림에 알맞은 대화를 고르시오.
························· (   )

①   ②   ③

16

다음을 듣고, 대화 상황에 알맞은 그림을 고르시오. ······················· (   )

①    ②

③

17

다음을 듣고, 자연스럽지 않은 대화를 고르시오.
······························· (   )

①   ②   ③

18

다음을 듣고, 이어질 응답으로 적절하지 않은 것을 고르시오. ······················ (   )

M : _____

①   ②   ③

19

다음을 듣고, 이어질 응답으로 적절한 것을 고르시오. ··························· (   )

W : _____

①   ②   ③

20

대화를 듣고, 이어질 응답으로 적절한 것을 고르시오. ··························· (   )

W : _____

① He's cute.
② He is 3 years old.
③ His name is Leo.

| 학습예정일 | 월 일 | 실제학습일 | 월 일 | 부모님확인란 | | 점수 | | 정답과 해석 6쪽 |

● MP3 파일을 잘 듣고, 빈칸을 채우시오.

1

① W : _____ 2점

② W : _____ 2점

③ W : _____ 2점

2

W : _____ 2점

3

M : _____ 2점

4

① M : _____ 2점

② M : _____ 2점

③ M : _____ 2점

듣기실력 쑥

1
P, p [피]
P와 관련된 단어를 알아봅시다.

pink 분홍색
parent 부모님
paper 종이

2
Q, q [큐]
Q와 관련된 단어를 알아봅시다.

queen 여왕
quiz 퀴즈
quiet 조용한

3
C, c [씨]
C와 관련된 단어를 알아봅시다.

cat 고양이
cold 추운, 감기
cake 케이크
cup 컵

4
H, h [에이치]
H와 관련된 단어를 알아봅시다.

hat 모자
hot 더운
hair 머리카락
horse 말

●5번 문제부터는 MP3 파일을 잘 듣고, ㉠, ㉡ 중 알맞은 것을 골라서 따라 쓰시오.

5

M : _____ 5점

　　㉠ sea　　㉡ river

6

① W : dog

② W : cup

③ W : _____ 4점

　　㉠ cap　　㉡ hat

7

W : _____ 4점

　　㉠ boat　　㉡ ship

8

① W : apple

② W : _____ 4점

　　㉠ age　　㉡ egg

③ W : grape

듣 기 실 력 쑥

5
river 강

6
① dog 개
② cup 컵
③ hat 모자

7
boat 배

8
① apple 사과
② egg 달걀
③ grape 포도
과일과 관련된 표현을 익혀봅시다.

lemon 레몬
pineapple 파인애플
kiwi 키위
mango 망고
peach 복숭아
cherry 체리
melon 멜론
watermelon 수박

9

① W : hand

② W : _____ 4점

　　　㉠ foot　　㉡ put

③ W : nose

10

① M : How do you do?

② M : See you _____ 3점 .

　　　　　　㉠ tomorrow　　㉡ today

③ M : You are kind.

11

① M : They are reading a book.

② M : They are having dinner.

③ M : They are _____ 4점 .

　　　　　㉠ playing baseball　　㉡ playing soccer

12

M : Jiwon, is this your pencil?

W : No, it isn't. My pencil is _____ 3점 .

　　　　　　　㉠ blue　　㉡ yellow

13

M : What do you want for lunch, Sarah?

W : I want a _____ 3점.

　　　㉠ bread　　　㉡ sandwich

M : Then, let's go to the bakery.

W : Okay!

14

M : Isn't it a great day?

W : It is. But it's too _____ 4점.

　　　㉠ hot　　　㉡ cold

M : Yes, the _____ 4점 is hot today.

　　　㉠ sun　　　㉡ moon

W : Let's go under the tree.

15

① M : Let's watch TV.

　 G : Okay!

② M : Wake up!

　 G : Okay, Dad.

③ M : Have a good night.

　 G : _____ 3점.

　　　㉠ Good job　　　㉡ Good night

들 기 실 력 쑥

13
남: 사라, 너는 점심 식사로 무엇을 원해?
여: 나는 샌드위치를 원해.
남: 그럼, 빵집으로 가자.
여: 그래!

14
남: 좋은 날이지 않니?
여: 맞아. 하지만 너무 더워.
남: 응, 오늘 해가 뜨겁다.
여: 나무 아래로 가자.
날씨와 관련된 표현을 익혀봅시다.
hot 더운
cold 추운
warm 따뜻한
cool 시원한

15
① 남: TV 보자.
　소녀: 네!
② 남: 일어나렴!
　소녀: 네, 아빠.
③ 남: 잘 자.
　소녀: 안녕히 주무세요.

16

M : Look at the _____ 5점 !

　　　　ⓐ flies　　ⓑ flowers

W : They are so beautiful!

M : Let's take a _____ 5점 .

　　　　ⓐ picture　　ⓑ photo

W : Okay.

17

① M : _____ 4점 , please.

　　　　ⓐ Sit down　　ⓑ Stand up

W : _____ 3점 meet you.

　　　　ⓐ Nice to　　ⓑ Sorry to

② M : Can you ski?

W : Yes, I can.

③ M : Do you have a bike?

W : Yes, I do.

16
남: 꽃들 좀 봐!
여: 진짜 아름답다!
남: 사진 찍자.
여: 그래.

17
① 남: 앉아주세요.
　여: 만나서 반갑습니다.
② 남: 당신은 스키 탈 줄 알아요?
　여: 네, 알아요.
③ 남: 당신은 자전거를 가지고
　　　있나요?
　여: 네, 가지고 있어요.

인사 표현을 익혀봅시다.

How do you do? 처음 뵙겠습니다.
How are you? 어떻게 지내요?
I'm glad to meet you.
만나서 반갑습니다.

18

W : _____ 3점 are you?

　　㉠ Where　　㉡ How

① M : I'm _____ 5점.

　　　㉠ fine　　㉡ okay

② M : You're welcome.

③ M : _____ 3점.

　　㉠ Good　　㉡ Goal

19

M : What do you want for _____ 3점?

　　　㉠ his birthday　　㉡ your birthday

① W : Of course.

② W : I _____ 4점 a shirt.

　　㉠ want　　㉡ need

③ W : Let's do it.

20

M : Do you have a pet?

W : Yes, I have a cat.

M : Oh, what is his _____ 4점?

　　㉠ name　　㉡ number

듣 기 실 력 쑥

18
여: 어떻게 지내?
① 남: 나는 잘 지내.
② 남: 천만에.
③ 남: 좋아.

19
남: 너의 생일에 무엇을 원해?
① 여: 물론이지.
② 여: 셔츠를 원해.
③ 여: 그것을 하자.

20
남: 너는 애완동물 키워?
여: 응, 나는 고양이 키워.
남: 오, 그의 이름은 뭐야?

학습예정일	월 일	실제학습일	월 일	부모님확인란		맞은개수	

● 들려주는 단어를 잘 듣고, 영어노트에 받아쓰시오.

1 grape   포도   ▶   grape

2 tomorrow   내일   ▶

3 kind   친절한, 착한   ▶

4 want   원하다   ▶

5 lunch   점심 식사   ▶

6 day   날, 하루   ▶

7 tree   나무   ▶

8 beautiful   아름다운   ▶

9 bike   자전거   ▶

10 name   이름   ▶

step3 3학년 영어듣기 통문장받아쓰기 03회

학습예정일	월 일	실제학습일	월 일	부모님확인란		맞은개수	

03회

● 대화를 듣고, 영어노트에 문장을 받아쓰시오.

1 A : Is this your pencil? 이거 너의 연필이야?

  B : No, it isn't. 아니, 아니야.

  ▶

2 A : Do you have a bike? 자전거 가지고 있어?

  B : Yes, I do. 응, 있어.

  ▶

3 A : How are you? 어떻게 지내?

  B : I'm fine. 나는 잘 지내.

  ▶

4 A : What do you want for your birthday?

    너는 생일에 무엇을 원해?

  B : I want a shirt. 나는 셔츠를 원해.

  ▶

5 A : Do you have a pet? 너는 애완동물을 키워?

  B : Yes, I have a cat. 응, 나는 고양이를 키워.

  ▶

● 문제를 풀기 전에 단어를 미리 익혀둡시다!

01	pancake	팬케이크	11	bag	가방
02	airplane	비행기	12	older brother	형, 오빠
03	car	자동차	13	room	방
04	basketball	농구	14	help	돕다
05	hand	손	15	cheeseburger	치즈 버거
06	monkey	원숭이	16	hobby	취미
07	clean	청소하다	17	game	게임
08	classroom	교실	18	math	수학
09	eat	먹다	19	school	학교
10	noise	소리, 소음	20	police officer	경찰관

1

다음 주어진 단어와 그림을 일치시키시오.

01 pancake •

02 airplane •

03 eat •

04 older brother •

05 police officer •

•  먹다

•  비행기

•  팬케이크

•  경찰관

•  형, 오빠

2

학습한 단어의 뜻을 아래 빈칸에 적으시오.

01 basketball		**06** help	
02 hand		**07** clean	
03 hobby		**08** noise	
04 school		**09** game	
05 classroom		**10** math	

04회 3학년 영어듣기 모의고사

정답과 해석 9쪽

학습예정일	월 일	실제학습일	월 일	부모님확인란		점수	/100점

1

다음을 잘 듣고, 들리는 소리와 일치하는 알파벳을 고르시오. ·························· (   )

① Ff
② Mm
③ Cc

2

다음을 잘 듣고, 들리는 소리와 일치하는 알파벳을 고르시오. ·························· (   )

① Bb
② Ii
③ Oo

3

다음을 잘 듣고, 알파벳과 소리가 일치하는 것을 고르시오. ·························· (   )

① Gg
② Ee
③ Uu

4

다음을 잘 듣고, 첫소리가 다른 낱말을 고르시오. ·························· (   )

①   ②   ③

5

다음을 듣고, 그림과 일치하는 낱말을 고르시오.

.... ( )

① ② ③

6

다음 낱말을 듣고, 알맞은 뜻을 고르시오.

.... ( )

① 농구 ② 야구 ③ 축구

7

들려주는 낱말과 일치하는 것을 고르시오.

.... ( )

①  ②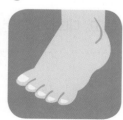

③

8

다음을 듣고, 동물을 나타내는 낱말이 <u>아닌</u> 것을 고르시오. .... ( )

① ② ③

9

다음을 듣고, 아침에 인사할 때 쓰는 표현을 고르시오. .... ( )

① ② ③

10

다음을 듣고, 그림과 일치하는 것을 고르시오.

.... ( )

① ② ③

11

대화를 듣고, 지금 날씨를 보기에서 고르시오.
.... (   )

①

②

③

12

대화를 듣고, 가방에 책이 모두 몇 권 있는지 고르시오. .... (   )

① 4권   ② 5권   ③ 6권

13

대화를 듣고, 남자 아이의 형의 나이를 고르시오.
.... (   )

① 20살   ② 21살   ③ 22살

14

다음을 듣고, 그림에 알맞은 설명을 고르시오.
.... (   )

①   ②   ③

15

다음을 듣고, 대화가 자연스러운 것을 고르시오.
.... (   )

①   ②   ③

16

다음을 듣고, 어떤 상황에서 나눌 수 있는 대화인
지 고르시오. ·················· (   )

① 서점에서 책을 살 때
② 학교에서 질문을 할 때
③ 식당에서 음식을 주문할 때

18

다음을 듣고, 이어지는 응답으로 적절하지 <u>않은</u>
것을 고르시오. ·················· (   )

W : _____

① It's really sunny.
② It's cold outside.
③ It's Monday.

19

다음을 듣고, 이어질 응답으로 적절한 것을 고르
시오. ····························· (   )

M : _____

① I like math.
② I go to school by bus.
③ I go to the library.

17

대화를 듣고, 두 사람이 무엇에 대해 말하고 있는
지 고르시오. ·················· (   )

① 취미 활동
② 학교 수업
③ 장래 희망

20

다음을 듣고, 이어질 응답으로 적절한 것을 고르
시오. ····························· (   )

W : _____

① My uncle is a police officer.
② I love playing basketball.
③ I'm fine, thank you.

| 학습예정일 | 월   일 | 실제학습일 | 월   일 | 부모님확인란 | | 점수 | | 정답과 해석 9쪽 |

● MP3 파일을 잘 듣고, 빈칸을 채우시오.

1

W : _____ [2점]

2

M : _____ [2점]

3

① W : _____ [2점]

② W : _____ [2점]

③ W : _____ [2점]

● 4번 문제부터는 MP3 파일을 잘 듣고, ㉠, ㉡ 중 알맞은 것을 골라서 따라 쓰시오.

4

① M : lunch

② M : lake

③ M : _____ [5점]

　　　㉠ pancake 　　　㉡ panda

듣 기 실 력 쑥

1
M, m [엠]
M과 관련된 단어를 알아봅시다.
mother 엄마
milk 우유
music 음악

2
O, o [오]
O와 관련된 단어를 알아봅시다.
owl 올빼미
oil 기름
order 주문하다

3
U, u [유]
U와 관련된 단어를 알아봅시다.
uncle 삼촌
umbrella 우산
up 위로

4
① lunch 점심 식사
② lake 호수
③ pancake 팬케이크

5

① W : _____ 5점
　　　㉠ train　　㉡ airplane

② W : car

③ W : bicycle

6

W : _____ 5점
　　　㉠ basketball　　㉡ badminton

7

M : _____ 5점
　　　㉠ hand　　㉡ hair

8

① M : monkey

② M : _____ 5점
　　　㉠ carrot　　㉡ cucumber

③ M : horse

듣 기 실 력 쑥

5
① airplane 비행기
② car 자동차
③ bicycle 자전거

6
basketball 농구

7
hand 손
신체와 관련된 표현을 익혀봅시다.
foot 발
arm 팔
leg 다리
mouth 입
shoulder 어깨

8
① monkey 원숭이
② carrot 당근
③ horse 말
동물과 관련된 표현을 익혀봅시다.
lion 사자
tiger 호랑이
elephant 코끼리
giraffe 기린

9

① W : Is it a snake?

② W : Good afternoon.

③ W : Good _____ 4점 .

　　　　㉠ morning　　　㉡ night

10

① W : They are playing football.

② W : They are _____ 4점

　　　　㉠ cleaning　　　㉡ washing

the classroom.

③ W : They are eating lunch.

11

W : What's that noise?

M : It's the wind. It's very _____ 5점 outside.

　　　　㉠ cloudy　　　㉡ windy

9
① 여: 그거 뱀이야?
② 여: 좋은 오후.
③ 여: 좋은 아침.
시간과 관련된 표현을 익혀봅시다.

morning 아침
noon 낮 12시, 정오
afternoon 오후
night 밤
midnight 밤 12시, 자정
dawn 새벽

10
① 여: 그들은 축구를 하고 있어.
② 여: 그들은 교실을 청소하고 있어.
③ 여: 그들은 점심을 먹고 있어.

11
여: 이게 무슨 소리야?
남: 바람이야. 밖에 바람이 많이 불고
　　있어.

12

W : How many books do you have in your bag?

M : There are _____ 5점 books.

　　　　㉠ five　　　㉡ four

13

G : Who is he?

B : He is my older brother.

G : How old is he?

B : He is _____ 4점 years old.

　　　　㉠ twenty one　　　㉡ twenty two

14

① W : There are _____ 5점 dogs and

　　　　㉠ four　　　㉡ five

_____ 5점 cats in the room.

　　㉠ seven　　　㉡ six

② W : There are four dogs and five cats in the room.

③ W : There are five dogs and six cats in the room.

듣 기 실 력 쑥

12
여: 네 가방에 책이 몇 권 있어?
남: 책 5권이 있어.

13
소녀: 그 남자는 누구야?
소년: 그는 나의 형이야.
소녀: 그는 몇 살이야?
소년: 그는 21살이야.

14
① 여: 방에 개 4마리와 고양이 6마리가
　　있어.
② 여: 방에 개 4마리와 고양이 5마리가
　　있어.
③ 여: 방에 개 5마리와 고양이 6마리가
　　있어.

15

① W : What's your name?

　M : I love dogs.

② W : Where is your school?

　M : She is my teacher.

③ W : What day is it today?

　M : It's _____ 5점 .

　　　　　㉠ Sunday　　　㉡ Saturday

16

M : May I help you?

W : Can I _____ 5점 a cheeseburger, please?

　　　　㉠ order　　　㉡ have

M : Sure, it's 5 dollars.

17

W : Jason, what is your _____ 5점 ?

　　　　　　㉠ hobby　　　㉡ name

M : I like playing computer games. How about you?

W : Really? I like playing computer _____ 5점 ,

　　　　　　　　　　㉠ games　　　㉡ videos

too.

18

M : How's the _____ [5점] today?

ㄱ weather   ㄴ leather

19

W : _____ [4점] do you go to school?

ㄱ How   ㄴ What

20

M : How's it _____ [4점] ?

ㄱ going   ㄴ doing

듣 기 실 력 쑥

18
남: 오늘 날씨가 어때?

19
여: 너는 학교에 어떻게 가?

20
남: 어떻게 지내?

학습예정일	월 일	실제학습일	월 일	부모님확인란		맞은개수	

● 들려주는 단어를 잘 듣고, 영어노트에 받아쓰시오.

1 lake   호수   ▶   lake

2 bicycle   자전거   ▶

3 carrot   당근   ▶

4 horse   말   ▶

5 wind   바람   ▶

6 outside   밖에   ▶

7 order   주문하다   ▶

8 sunny   화창한   ▶

9 cold   추운   ▶

10 bus   버스   ▶

step3 3학년 영어듣기 통문장받아쓰기 04회

학습예정일	월 일	실제학습일	월 일	부모님확인란		맞은개수	

● 대화를 듣고, 영어노트에 문장을 받아쓰시오.

1 A : What's that noise? 이게 무슨 소리야?

　　B : It's the wind. 바람이야.

　　▶

2 A : How old is he? 그 남자는 몇 살이야?

　　B : He is twenty one years old. 그 남자는 21살이야.

　　▶

3 A : What day is it today? 오늘이 무슨 요일이야?

　　B : It's Saturday. 토요일이야.

　　▶

4 A : What is your hobby? 너의 취미는 뭐야?

　　B : I like playing computer games.

　　나는 컴퓨터 게임을 하는 것을 좋아해.

　　▶

5 A : How do you go to school? 너는 학교에 어떻게 가?

　　B : I go to school by bus. 나는 버스를 타고 학교에 가.

　　▶

정답과 해석 12쪽

| 학습예정일 | 월 일 | 실제학습일 | 월 일 | 부모님확인란 | | 맞은개수 | |

● 문제를 풀기 전에 단어를 미리 익혀둡시다!

01	box	상자
02	coat	코트
03	next time	다음에, 다음번에
04	kitchen	부엌
05	wonderful	멋있는
06	library	도서관
07	talk	말하다
08	snack	과자
09	party	파티
10	bus stop	버스 정류장

11	straight	곧장
12	give	주다
13	favorite	가장 좋아하는
14	season	계절
15	snowman	눈사람
16	rain	비가 오다
17	cookie	쿠키
18	sister	언니, 누나, 여동생
19	wash	씻다
20	brush	닦다

1

다음 주어진 단어와 그림을 일치시키시오.

01 coat •

02 library •

03 bus stop •

04 season •

05 sister •

• 코트

• 언니, 누나, 여동생

•  버스 정류장

•  도서관

•  계절

2

학습한 단어의 뜻을 아래 빈칸에 적으시오.

01 box		**06** give	
02 kitchen		**07** wonderful	
03 talk		**08** cookie	
04 snack		**09** straight	
05 favorite		**10** brush	

05회 3학년 영어듣기 모의고사

정답과 해석 12쪽

학습예정일	월 일	실제학습일	월 일	부모님확인란		점수	/100점

1

다음을 잘 듣고, 들리는 소리와 일치하는 알파벳을 고르시오. ·················· ( )

① **Ii**   ② **Dd**

③ **Ee**

2

다음을 잘 듣고, 들리는 소리와 일치하는 알파벳을 고르시오. ·················· ( )

① **Gg**   ② **Hh**

③ **Xx**

3

다음을 잘 듣고, 알파벳과 소리가 일치하는 것을 고르시오. ·················· ( )

① **Ff**   ② **Ee**

③ **Nn**

4

다음을 듣고, 필기도구를 나타내는 낱말이 <u>아닌</u> 것을 고르시오. ·················· ( )

①   ②   ③

5

다음을 듣고, 빈칸에 알맞은 글자를 고르시오.
·················· ( )

( )ate

① m   ② g   ③ l

6

다음을 듣고, 그림과 일치하는 낱말을 고르시오.
·································· (   )

①   ②   ③

7

다음을 듣고, 친구와 헤어질 때 할 수 있는 말로
알맞은 것을 고르시오. ·············· (   )

①   ②   ③

8

다음 중, 들려주는 낱말과 일치하는 것을 고르시
오. ·································· (   )

①

②

③

9

대화를 듣고, 여자 아이가 할 수 있는 것을 고르
시오. ························· (   )

①

②

③

10

다음 그림의 상황에 성인 남자가 할 말로 적절한
것을 고르시오. ····················· (   )

①   ②   ③

11

대화를 듣고, 어떤 상황에 나눌 수 있는 대화인지 고르시오. ……………………… (   )

① 친구에게 사과를 할 때
② 다른 사람의 물건을 빌릴 때
③ 파티에 초대를 할 때

12

다음을 듣고, 그림에 알맞은 대화를 고르시오.
……………………………………… (   )

①   ②   ③

13

대화를 듣고, 바구니에 몇 개의 사과가 있는지 고르시오. ……………………… (   )

① 2개   ② 4개   ③ 5개

14

대화를 듣고, 여자가 좋아하는 계절을 고르시오
………………………………………… (   )

① 봄   ② 여름   ③ 겨울

15

대화를 듣고, 두 사람이 모두 좋아하는 것을 고르시오 ……………………… (   )

① 레몬에이드
② 스무디
③ 아이스크림

16

대화를 듣고, 지금 날씨를 고르시오.
.... (   )

①    ②

③

17

다음을 듣고, <u>어색한</u> 대화를 고르시오.
.... (   )

①   ②   ③

18

다음을 듣고, 자연스러운 대화를 고르시오.
.... (   )

①   ②   ③

19

대화를 듣고, 이어질 응답으로 적절한 것을 고르시오. .... (   )

W : _____

① He's 14 years old.
② I have two brothers.
③ He likes me, too.

20

다음을 듣고, 이어질 응답으로 적절한 것을 고르시오. .... (   )

B : _____

① Okay, Mom.
② No thanks.
③ I'll wash the dishes.

학습예정일	월 일	실제학습일	월 일	부모님확인란		점수	

정답과 해석 12쪽

● MP3 파일을 잘 듣고, 빈칸을 채우시오.

1

W : _____ 2점

2

M : _____ 2점

3

① W : _____ 2점

② W : _____ 2점

③ W : _____ 2점

● 4번 문제부터는 MP3 파일을 잘 듣고, ㉠, ㉡ 중 알맞은 것을 골라서 따라 쓰시오.

4

① M : _____ 3점

㉠ book   ㉡ box

② M : pencil

③ M : eraser

듣 기 실 력 쑥

1
I, i [아이]
I와 관련된 단어를 알아봅시다.
ink 잉크
idea 생각
ice 얼음

2
X, x [엑스]
X와 관련된 단어를 알아봅시다.
box 상자
fox 여우
six 숫자 6

3
N, n [엔]
N과 관련된 단어를 알아봅시다.
nine 숫자 9
nail 손톱
name 이름

4
① box 상자
② pencil 연필
③ eraser 지우개

5

M : _____ 3점

ⓐ gate ⓑ door

6

① W : _____ 5점

ⓐ coat ⓑ jacket

② W : afternoon

③ W : orange

7

① W : Long time no see.

② W : How are you?

③ W : _____ 5점 next time.

ⓐ See you ⓑ Meet you

8

W : _____ 5점

ⓐ kitchen ⓑ bedroom

듣 기 실 력 쑥

5
gate 문

6
① coat 코트
② afternoon 오후
③ orange 오렌지

7
① 여: 오랜만이야.
② 여: 잘 지내?
③ 여: 다음에 보자.

8
kitchen 부엌
방과 관련된 표현을 익혀봅시다.
bedroom 침실
bathroom 화장실
living room 거실

9

B : Anna, can you play the guitar?

G : No, I can't. But I can play the _____ 5점.

                       ㉠ drums   ㉡ dreams

B : Oh, that's wonderful.

10

① M : Don't run in the library.

② M : Don't _____ 5점 in the library.

                ㉠ say   ㉡ talk

③ M : Don't eat snacks in the library.

11

W : It's my birthday tomorrow.

M : Oh, really?

W : Yes. Can you _____ 5점 to my birthday party?

                ㉠ come   ㉡ go

M : Of course. I will come.

12

① W : What time is it?

　　M : It's 2 o'clock.

② W : _____ 5점 is the bus stop?
　　　　㉠ When　　　㉡ Where

　　M : Just _____ 3점 straight.
　　　　　　㉠ go　　　㉡ get

③ W : I will give you this camera.

　　M : Oh, thank you.

13

M : I want some fruit.

W : There are some apples in the basket.

M : How many apples are there?

W : There are _____ 5점 apples.
　　　　　　㉠ two　　　㉡ three

14

M : What is your favorite season?

W : My favorite season is _____ 3점.
　　　　　　㉠ winter　　　㉡ summer

M : Why?

W : It's because I love making a _____ 5점.
　　　　　　㉠ snowman　　　㉡ snowy

듣기실력쑥

12
① 여: 몇 시에요?
　남: 2시 정각이에요.
② 여: 버스 정류장이 어디에요?
　남: 그냥 곧장 가면 돼요.
③ 여: 당신한테 이 카메라를 줄게요.
　남: 오, 고마워요.

길을 물어보는 표현을 익혀봅시다.

Where is the park?
공원이 어디 있나요?
Where is the bank?
은행이 어디 있나요?
Where is the subway station?
지하철역이 어디 있나요?

13
남: 과일 먹고 싶다.
여: 바구니에 사과가 좀 있어.
남: 거기에 사과가 몇 개 있는데?
여: 사과 2개 있어.

14
남: 가장 좋아하는 계절이 뭐야?
여: 내가 가장 좋아하는 계절은 겨울이야.
남: 왜?
여: 나는 눈사람을 만드는 것을 정말 좋아하기 때문이야.

15

M : It's too hot.

W : Yeah, I want some ice cream. Do you like

_____ 5점 ?

    ㉠ iceberg   ㉡ ice cream

M : Yes, I do.

W : Let's have some ice cream.

16

W : Do you have an umbrella?

M : No, why?

W : It's _____ 5점 outside now.

    ㉠ raining   ㉡ rainbow

M : Oh, no.

17

① W : Is your mom working?

  M : Yes, she is.

② W : What time is it now?

  M : I like _____ 5점 .

    ㉠ running   ㉡ walking

③ W : Are you okay?

  M : No, I'm sick.

18

① W : Is he your brother?

　M : She is 13 years old.

② W : _____ 5점 have a dog?
　　　　㉠ Do you　　㉡ Did you

　M : Yes, _____ 5점 .
　　　　　㉠ I do　　㉡ I did

③ W : Do you want some cookies?

　M : No, I can't.

19

M : Do you have a sister?

W : No, but I have brothers.

M : _____ 5점 brothers do you have?
　　㉠ How much　　㉡ How many

20

W : _____ 3점 your teeth.
　　㉠ Brush　　㉡ Wash

| 학습예정일 | 월 일 | 실제학습일 | 월 일 | 부모님확인란 | | 맞은개수 | |

● 들려주는 단어를 잘 듣고, 영어노트에 받아쓰시오.

1	drum	드럼, 북	▶ drum
2	come	오다, 가다	▶
3	winter	겨울	▶
4	make	만들다	▶
5	like	좋아하다	▶
6	umbrella	우산	▶
7	now	지금	▶
8	work	일하다	▶
9	sick	아픈	▶
10	teeth	이, 치아	▶

step3 3학년 영어듣기 통문장받아쓰기 05회

학습예정일	월 일	실제학습일	월 일	부모님확인란		맞은개수	

● 대화를 듣고, 영어노트에 문장을 받아쓰시오.

1 A : What is your favorite season? 가장 좋아하는 계절이 뭐야?

B : My favorite season is winter.

내가 가장 좋아하는 계절은 겨울이야.

▶

2 A : Do you like ice cream? 너는 아이스크림을 좋아해?

B : Yes, I do. 응, 좋아해.

▶

3 A : Are you okay? 너 괜찮아?

B : No, I'm sick. 아니, 나 아파.

▶

4 A : Do you have a sister? 너는 언니가 있어?

B : No, but I have brothers. 아니, 하지만 나는 오빠가 있어.

▶

5 A : Brush your teeth. 이 닦으렴.

B : Okay, Mom. 네, 엄마.

▶

● 문제를 풀기 전에 단어를 미리 익혀둡시다!

01	pig	돼지	11	open	열다
02	lemon	레몬	12	like	좋아하다
03	dance	춤, 춤추다	13	jump	뛰다, 점프하다
04	tomato	토마토	14	art class	미술 수업
05	bird	새	15	drawing	그림 그리기, 그림
06	hurry	서두르다	16	hospital	병원
07	swim	수영하다	17	nurse	간호사
08	pool	수영장	18	summer	여름
09	white	하얀, 흰색	19	melon	멜론
10	sky	하늘	20	hamster	햄스터

1

다음 주어진 단어와 그림을 일치시키시오.

01 swim	•		•	 수영하다
02 lemon	•		•	 뛰다, 점프하다
03 like	•		•	 좋아하다
04 hospital	•		•	 레몬
05 jump	•		•	 병원

2

학습한 단어의 뜻을 아래 빈칸에 적으시오.

01 dance		06 open	
02 tomato		07 drawing	
03 bird		08 nurse	
04 sky		09 summer	
05 hurry		10 art class	

06회 3학년 영어듣기 모의고사

정답과 해석 15쪽

| 학습예정일 | 월 일 | 실제학습일 | 월 일 | 부모님확인란 | 점수 | /100점 |

1

다음을 잘 듣고, 들리는 소리와 일치하는 알파벳을 고르시오. .... (   )

① I i   ② M m

③ F f

2

다음을 듣고, 빈칸에 알맞은 글자를 고르시오. .... (   )

(   )eet

① f   ② m   ③ p

3

다음을 듣고, 첫소리가 다른 낱말을 고르시오. .... (   )

①   ②   ③

4

다음을 듣고, 들려주는 단어와 첫소리가 같은 낱말을 고르시오. .... (   )

①   ②   ③

5

다음을 듣고, 그림과 일치하는 낱말을 고르시오. .... (   )

①   ②   ③

6

다음 낱말을 듣고, 알맞은 뜻을 고르시오.
·· (   )

① 집   ② 나무   ③ 새

7

다음 낱말을 듣고, 알맞은 뜻을 고르시오.
·· (   )

① 날다   ② 노래하다   ③ 서두르다

8

대화를 듣고, 여자가 하고 있는 것이 무엇인지 고르시오. ··································· (   )

①

②

③

9

대화를 듣고, 지금 날씨를 보기에서 고르시오.
·· (   )

①

②

③

10

대화를 듣고, 새는 모두 몇 마리인지 고르시오.
·· (   )

① 8마리   ② 9마리   ③ 10마리

11

다음을 듣고, 그림에 알맞은 표현을 고르시오.
·················· (   )

①   ②   ③

12

다음을 듣고, 자신이 할 수 있는 것을 표현할 때 쓰는 말로 알맞은 것을 고르시오. (   )

①   ②   ③

13

대화를 듣고, Sharon이 행복해보이는 이유를 고르시오. ····················· (   )

① 선물을 받았기 때문에
② 생일이기 때문에
③ 미술수업이 있기 때문에

14

대화를 듣고, 여자 아이의 상태를 가장 잘 나타낸 그림을 고르시오. ················ (   )

①    ②

③

15

대화를 듣고, 남자 아이가 생일 선물로 받고 싶은 것을 고르시오. ····················· (   )

① 장난감   ② 책가방   ③ 축구공

16

대화를 듣고, 여자 아이의 어머니의 직업을 고르시오. ……………………………… (   )

①    ②

③

18

다음을 듣고, 그림에 알맞은 대화를 고르시오.
……………………………… (   )

①   ②   ③

19

다음을 듣고, 이어지는 응답으로 적절하지 <u>않은</u>
것을 고르시오. ……………… (   )

W : _____

①   ②   ③

17

대화를 듣고, 두 사람이 무엇에 대해 말하고 있는지 고르시오. ……………………… (   )

① 숙제   ② 계절   ③ 방학

20

다음을 듣고, 이어질 응답으로 적절한 것을 고르시오. ……………………………… (   )

M : _____

①   ②   ③

학습예정일	월 일	실제학습일	월 일	부모님확인란		점수	

정답과 해석 15쪽

● MP3 파일을 잘 듣고, 빈칸을 채우시오.

1

W : _____ 2점

● 2번 문제부터는 MP3 파일을 잘 듣고, ㉠, ㉡ 중 알맞은 것을 골라서 따라 쓰시오.

2

M : _____ 5점

    ㉠ meet   ㉡ see

3

① W : _____ 5점

    ㉠ boy   ㉡ girl

② W : pig

③ W : piano

4

W : door

① M : cheese

② M : lemon

③ M : _____ 5점

    ㉠ sing   ㉡ dance

듣 기 실 력 쑥

1
M, m [엠]
M과 관련된 단어를 익혀봅시다.
moon 달
morning 아침

2
meet 만나다

3
① boy 소년
② pig 돼지
③ piano 피아노

4
door 문
① cheese 치즈
② lemon 레몬
③ dance 춤, 춤추다

5

① W : skate

② W : umbrella

③ W : _____ 5점

    ㉠ tomato   ㉡ potato

6

M : _____ 5점

    ㉠ bird   ㉡ bell

7

M : _____ 5점

    ㉠ hungry   ㉡ hurry

8

M : What are you doing?

W : I am _____ 5점 in the pool.

    ㉠ swimming   ㉡ singing

듣 기 실 력 쑥

5
① skate 스케이트 타다
② umbrella 우산
③ tomato 토마토

6
bird 새

7
hurry 서두르다

8
남: 너 뭐하고 있어?
여: 나는 수영장에서 수영하고 있어.
무엇을 하고 있는지 묻고 답하는 표현을 익혀봅시다.

A: What are you doing?
   너 뭐하고 있어?
B: I'm studying history.
   나는 역사 공부 중이야.

9

W : Look! Everything is white outside.

M : Wow, it's _____ 5점 . Let's go out and play.

ㄱ raining ㄴ snowing

10

M : How many birds are in the sky?

W : There are _____ 4점 birds in the sky.

ㄱ ten ㄴ two

11

① M : He is reading a book.

② M : He is opening the door.

③ M : He is eating _____ 5점 .

ㄱ pizza ㄴ piece

12

① W : I want some juice.

② W : I like pineapples.

③ W : I _____ 5점 jump.

ㄱ can't ㄴ can

13

M : Hi, Sharon. You _____ [5점] so happy today.

　　　　　ⓐ look　　　ⓑ seem

W : Yes. It's because I have an art class today.

M : Oh, you really like drawing.

14

M : Are you okay?

G : No, I am sick and _____ [5점].

　　　　　ⓐ cold　　　ⓑ hot

M : Let me see. [pause] Oh, you have a fever!

15

W : John, what do you want for your birthday present?

B : I want a _____ [5점].

　　　ⓐ soccer ball　　　ⓑ football

13
남: 안녕, 샤론. 너 오늘 너무 행복해
　　보인다.
여: 응. 왜냐하면 나는 오늘 미술 수
　　업이 있거든.
남: 오, 너 정말 그림 그리기를 좋아
　　하는 구나.

14
남: 괜찮아?
소녀: 아뇨, 저는 아프고 추워요.
남: 어디 보자. [잠시 후] 오, 너는 열
　　이 있구나!

15
여: 존, 생일 선물로 무엇을 원하니?
소년: 저는 축구공을 원해요.

16

B : Judy, where does your mother work?

G : She works at a hospital.

B : Is she a doctor?

G : No, she is a _____ 5점 .

         ㉠ police   ㉡ nurse

17

W : The _____ 5점 is coming.

       ㉠ summer   ㉡ spring

M : I don't like summer. It's too hot.

W : But you can enjoy swimming in the summer.

M : You're right. But I still hate summer.

18

① W : Can you skate?

    M : No, I can't.

② W : We want five _____ 5점 .

         ㉠ hamburgers   ㉡ sandwiches

    M : Five? Okay.

③ W : I like fruit.

    M : Me, too.

16
소년: 주디, 너희 어머니는 어디서 일
      하시니?
소녀: 그녀는 병원에서 일하셔.
소년: 그녀는 의사셔?
소녀: 아니, 그녀는 간호사이셔.
직업과 관련된 표현을 익혀봅시다.

teacher 선생님
police officer 경찰관
firefighter 소방관
scientist 과학자
actor 배우

17
여: 여름이 다가오고 있어.
남: 난 여름이 싫어. 너무 덥거든.
여: 하지만 여름에는 수영을 즐길 수
     있잖아.
남: 맞아. 하지만 난 여전히 여름이
     싫어.

18
① 여: 스케이트 탈 수 있어요?
    남: 아니요, 못 타요.
② 여: 햄버거 다섯 개 주세요.
    남: 다섯 개요? 알겠습니다.
③ 여: 나는 과일이 좋아.
    남: 나도.

19

M : Do you like melons?

① W : Yes, how about you?

② W : No, I like bananas.

③ W : No, I don't like _____[5점].

ㄱ horses   ㄴ hamsters

20

W : Can you play _____[5점]?

ㄱ baseball   ㄴ basketball

① M : Let's skate together.

② M : No, I _____[4점] play baseball.

ㄱ can   ㄴ can't

③ M : Yes, I can swim.

● 들려주는 단어를 잘 듣고, 영어노트에 받아쓰시오.

1	door	문	▶	door
2	everything	모든 것	▶	
3	want	원하다	▶	
4	juice	주스	▶	
5	ball	공	▶	
6	work	일하다	▶	
7	doctor	의사	▶	
8	but	하지만	▶	
9	enjoy	즐기다	▶	
10	together	함께	▶	

학습예정일	월 일	실제학습일	월 일	부모님확인란		맞은개수	

● 대화를 듣고, 영어노트에 문장을 받아쓰시오.

1 A : What do you want for your birthday present?
생일 선물로 무엇을 갖고 싶니?

B : I want a soccer ball.   나는 축구공을 원해.

▶

2 A : Where does your mother work? 너희 어머니는 어디서 일하시니?

B : She works at a hospital.   우리 어머니는 병원에서 일하셔.

▶

3 A : I like fruit. 나는 과일을 좋아해.

B : Me too. 나도.

▶

4 A : Do you like melons? 너는 멜론을 좋아해?

B : Yes, how about you? 응, 너는 어때?

▶

5 A : Can you play baseball? 너는 야구할 수 있어?

B : No, I can't play baseball. 아니, 나는 야구 못해.

▶

07회 3학년 Words Practice

정답과 해석 18쪽

학습예정일	월 일	실제학습일	월 일	부모님확인란	맞은개수

● 문제를 풀기 전에 단어를 미리 익혀둡시다!

01		king	왕	11	drink	마시다
02		kite	연	12	friend	친구
03		tiger	호랑이	13	house	집
04		zebra	얼룩말	14	late	늦은
05		lion	사자	15	big	큰
06		sofa	소파	16	kiwi	키위
07		desk	책상	17	tasty	맛있는
08		face	얼굴	18	loud	크게, 시끄러운
09		homework	숙제	19	letter	편지
10		thirsty	목마른	20	dollar	달러

1

다음 주어진 단어와 그림을 일치시키시오.

01 king •	•  왕
02 zebra •	•  얼룩말
03 desk •	•  달러
04 drink •	•  마시다
05 dollar •	•  책상

2

학습한 단어의 뜻을 아래 빈칸에 적으시오.

01 kite		**06** friend	
02 thirsty		**07** house	
03 lion		**08** late	
04 face		**09** tasty	
05 homework		**10** letter	

07회 3학년 영어듣기 모의고사

정답과 해석 18쪽

| 학습예정일 | 월 일 | 실제학습일 | 월 일 | 부모님확인란 | | 점수 | /100점 |

1

다음을 듣고, 첫소리가 <u>다른</u> 낱말을 고르시오.
····························· (   )

①   ②   ③

2

다음을 듣고, 그림과 일치하는 낱말을 고르시오.
····························· (   )

①   ②   ③

3

들려주는 낱말과 일치하는 것을 고르시오.
····························· (   )

①   ②

③

4

다음 낱말을 듣고, 알맞은 뜻을 고르시오.
····························· (   )

① 식당   ② 동물원   ③ 수영장

5

다음을 듣고, 가구를 나타내는 낱말이 <u>아닌</u> 것을
<u>고르시오.</u> ····························· (   )

①   ②   ③

6

그림을 보고, 이어질 응답으로 적절한 것을 고르시오. ····················· (   )

① ② ③

7

다음을 듣고, 도움을 요청할 때 쓸 수 있는 표현을 고르시오. ····················· (   )

① ② ③

8

다음을 듣고, 대화 상황에 알맞은 그림을 고르시오. ····················· (   )

①   ②

③

9

다음을 듣고, 그림에 알맞은 설명을 고르시오. ····················· (   )

① ② ③

10

대화를 듣고, 남자가 이용할 교통수단을 고르시오. ····················· (   )

① 자동차   ② 자전거   ③ 지하철

11

대화를 듣고, 여자 아이가 있는 장소를 고르시오.
.... (   )

① 방   ② 거실   ③ 화장실

14

대화를 듣고, 두 아이가 모두 좋아하는 음식을 고르시오. .... (   )

① 토마토   ② 키위   ③ 레몬

12

대화를 듣고, 현재 시각을 고르시오.
.... (   )

① 6시 30분   ② 7시 30분   ③ 8시 30분

15

다음을 듣고, 그림에 알맞은 대화를 고르시오.
.... (   )

MANGO

①   ②   ③

13

대화를 듣고, 남자 아이의 애완동물의 생김새를
고르시오. .... (   )

① 하얗고 큰 강아지
② 하얗고 작은 강아지
③ 까맣고 큰 강아지

16

대화를 듣고, 두 사람이 무엇에 대해 말하고 있는지 고르시오. ⸱⸱⸱⸱⸱⸱⸱⸱⸱⸱⸱⸱⸱⸱⸱⸱⸱⸱⸱⸱⸱⸱ (   )

① 친구   ② 과목   ③ 선생님

19

다음을 듣고, 이어질 응답으로 적절한 것을 고르시오. ⸱⸱⸱⸱⸱⸱⸱⸱⸱⸱⸱⸱⸱⸱⸱⸱⸱⸱⸱⸱⸱⸱⸱⸱ (   )

M : _____

① It's a tomato.
② It's seven dollars.
③ It's two o'clock.

17

다음을 듣고, 대화가 자연스러운 것을 고르시오.
⸱⸱⸱⸱⸱⸱⸱⸱⸱⸱⸱⸱⸱⸱⸱⸱⸱⸱⸱⸱⸱⸱⸱⸱⸱⸱⸱⸱⸱⸱⸱⸱⸱ (   )

①   ②   ③

20

다음을 듣고, 이어질 응답으로 적절한 것을 고르시오. ⸱⸱⸱⸱⸱⸱⸱⸱⸱⸱⸱⸱⸱⸱⸱⸱⸱⸱⸱⸱⸱⸱⸱⸱ (   )

M : _____

① I'm a doctor.
② I'm fine.
③ I'm drawing a picture.

18

다음을 듣고, 대화가 <u>어색한</u> 것을 고르시오.
⸱⸱⸱⸱⸱⸱⸱⸱⸱⸱⸱⸱⸱⸱⸱⸱⸱⸱⸱⸱⸱⸱⸱⸱⸱⸱⸱⸱⸱⸱⸱ (   )

①   ②   ③

정답과 해석 18쪽

● MP3 파일을 잘 듣고, ㉠, ㉡ 중 알맞은 것을 골라서 따라 쓰시오.

1

① W : _____ 4점
　　㉠ black　　㉡ bread

② W : king

③ W : kite

2

① W : tigers

② W : _____ 4점
　　㉠ bears　　㉡ snakes

③ W : zebras

3

W : _____ 3점
　　㉠ lion　　㉡ tiger

4

M : _____ 5점
　　㉠ swimming pool　　㉡ shopping mall

듣 기 실 력 쑥

1
① bread 빵
② king 왕
③ kite 연

2
① tigers 호랑이
② snakes 뱀
③ zebras 얼룩말

3
lion 사자

4
swimming pool 수영장
장소와 관련된 표현을 익혀봅시다.

bank 은행
restaurant 식당, 레스토랑
post office 우체국
police station 경찰서
bookstore 서점
library 도서관

5

① W : sofa

② W : desk

③ W : _____ [3점]

　　　㉠ arm　　　㉡ face

6

W : How many carrots are there?

① M : There are two carrots.

② M : There are four carrots.

③ M : There are _____ [3점] carrots.

　　　㉠ five　　　㉡ eight

7

① W : Is that your new bag?

② W : Can you _____ [4점] me?

　　　㉠ hear　　　㉡ help

③ W : What is the homework?

8

W : I'm _____ [5점].

　　　㉠ hungry　　　㉡ thirsty

M : Here, drink some water.

9

① W : Two boys and two girls are playing soccer.

② W : _____ 3점 boys and

       ㉠ Two   ㉡ Three

       _____ 4점 girls are playing soccer.

       ㉠ three   ㉡ ten

③ W : Three boys and three girls are playing soccer.

10

W : Where are you going?

M : I'm going to my friend's house.

W : Are you going there by car?

M : No, I'm going there by _____ 4점.

       ㉠ subway   ㉡ train

11

M : Lora, where are you?

G : I'm in my _____ 4점. Why?

       ㉠ office   ㉡ room

M : It's time to eat dinner. Come and help your mom.

12

M : _____ 5점 is it now?

　　㉠ What day　　㉡ What time

W : It's already eight thirty. We're late!

13

G : Do you have a pet?

B : Yes, I have a _____ 5점 dog.

　　　㉠ white　　㉡ brown

G : Is she small?

B : No, she's very _____ 3점.

　　　㉠ small　　㉡ big

14

G : Nick, do you like bananas?

B : No, I don't.

G : How about _____ 5점? I love them.

　　㉠ kiwis　　㉡ keys

B : I _____ 4점 them, too. They are tasty.

　㉠ love　　㉡ like

듣 기 실 력 쑥

12
남: 지금 몇 시야?
여: 벌써 8시 30분이야. 우리는 늦었어!

13
소녀: 너 애완동물 있어?
소년: 응, 나는 하얀 개가 있어.
소녀: 작니?
소년: 아니, 매우 커.

14
소녀: 닉, 너 바나나 좋아해?
소년: 아니, 안 좋아해.
소녀: 키위는 어때? 나는 그것들이 정말 좋아.
소년: 나도 그것들이 좋아. 그것들은 맛있잖아.

15

① W : Where is your pen?

   M : It's on the desk.

② W : Don't speak too loud.

   M : Okay.

③ W : _____ 5점 mangos do you want?

        ㉠ How much   ㉡ How many

   M : I want two _____ 5점.

        ㉠ melons   ㉡ mangos

16

W : Do you know my math _____ 5점?

        ㉠ mentor   ㉡ teacher

M : Mr. Kim? Yes, I know him. Why?

W : Today is his birthday. Let's write a letter to him!

17

① W : Do you have a pet?

   M : Me, too.

② W : Is your car _____ 4점?

        ㉠ blue   ㉡ red

   M : Yes, it is.

③ W : Open the door, please.

   M : Thank you very much.

18

① W : How many oranges are there?

M : There are two oranges.

② W : Is your cat _____ [5점]?

        ㉠ small   ㉡ big

M : I like cats, too.

③ W : Where are you?

M : I am in the car.

19

W : How _____ [5점] is it?

     ㉠ much   ㉡ many

20

W : What do you _____ [3점]?

       ㉠ do   ㉡ door

18
① 여: 오렌지가 몇 개 있어?
  남: 오렌지 두 개가 있어.
② 여: 너의 고양이는 작아?
  남: 나도 고양이가 좋아.
③ 여: 너 어디 있어?
  남: 나는 차 안에 있어.

19
여: 그거 얼마예요?
가격을 물어보는 표현을 익혀봅시다.
How much is this teddy bear?
이 곰 인형은 얼마예요?
How much is the T-shirt?
그 티셔츠는 얼마예요?
How much is the cake?
그 케이크는 얼마예요?

20
여: 직업이 무엇입니까?

학습예정일	월 일	실제학습일	월 일	부모님확인란		맞은개수	

● 들려주는 단어를 잘 듣고, 영어노트에 받아쓰시오.

1 new 새로운 ▶ new

2 water 물 ▶

3 girl 소녀, 여자 아이 ▶

4 room 방 ▶

5 small 작은 ▶

6 pen 펜 ▶

7 speak 말하다 ▶

8 write 쓰다 ▶

9 red 빨간색 ▶

10 in ~안에 ▶

학습예정일	월 일	실제학습일	월 일	부모님확인란		맞은개수	

● 대화를 듣고, 영어노트에 문장을 받아쓰시오.

1 A : Do you know my math teacher? 너 나의 수학선생님 알아?

B : Yes, I know him. 응, 나는 그를 알아.

▶

2 A : Is your car red? 너의 자동차는 빨간색이니?

B : Yes, it is. 응, 맞아.

▶

3 A : How many oranges are there? 오렌지가 몇 개 있어?

B : There are two oranges. 오렌지가 두 개 있어.

▶

4 A : How much is it? 이것은 얼마인가요?

B : It's seven dollars. 7달러입니다.

▶

5 A : What do you do? 직업이 무엇입니까?

B : I'm a doctor. 저는 의사입니다.

▶

08회 3학년 Words Practice

정답과 해석 21쪽

| 학습예정일 | 월 일 | 실제학습일 | 월 일 | 부모님확인란 | | 맞은개수 | |

● 문제를 풀기 전에 단어를 미리 익혀둡시다!

01	mug	머그컵		11	write	쓰다	
02	mouse	쥐		12	alphabet	알파벳	
03	mood	분위기, 기분		13	player	선수	
04	body	몸, 신체		14	bathroom	화장실, 욕실	
05	spoon	숟가락		15	slippery	미끄러운	
06	glass	유리잔		16	bubble	거품	
07	knife	칼		17	everything	모든 것	
08	shampoo	샴푸		18	glasses	안경	
09	mirror	거울		19	living room	거실	
10	soap	비누		20	wipe	닦다	

1

다음 주어진 단어와 그림을 일치시키시오.

01 mouse   •

02 knife   •

03 alphabet   •

04 player   •

05 glasses   •

• 안경

• 칼

• 선수

• 쥐

• 알파벳

2

학습한 단어의 뜻을 아래 빈칸에 적으시오.

01 mood		06 slippery	
02 body		07 bubble	
03 glass		08 living room	
04 mirror		09 write	
05 everything		10 wipe	

정답과 해석 21쪽

| 학습예정일 | 월   일 | 실제학습일 | 월   일 | 부모님확인란 | 점수 | /100점 |

1

다음을 듣고, 첫소리가 다른 낱말을 고르시오.
·· (   )

①   ②   ③

2

다음을 듣고, 들려주는 단어와 첫소리가 같은 낱말을 고르시오. ················ (   )

①   ②   ③

3

다음을 듣고, 빈칸에 알맞은 글자를 고르시오.
·· (   )

( )ash

① c   ② w   ③ r

4

다음을 듣고, 그림과 일치하는 낱말을 고르시오.
·· (   )

①   ②   ③

5

다음을 듣고, 부엌에서 사용하는 물건이 아닌 것을 고르시오. ·························· (   )

①   ②   ③

6

다음 낱말을 듣고, 알맞은 뜻을 고르시오.
··· (   )

① 거울   ② 앞치마   ③ 슬리퍼

7

다음을 듣고, 대화 상황에 알맞은 그림을 고르시오. ······························· (   )

① ②

③

8

대화를 듣고, 민호의 티셔츠 색깔을 고르시오.
··· (   )

① 초록색   ② 검은색   ③ 파란색

9

대화를 듣고, 어떤 상황에 나눌 수 있는 대화인지 고르시오. ······························· (   )

① 정보를 알릴 때
② 허락을 받을 때
③ 칭찬을 할 때

10

다음을 듣고, 금지의 표현을 고르시오.
··· (   )

①   ②   ③

11

대화를 듣고, 숟가락은 모두 몇 개가 있는지 고르시오. ························· (   )

① 2개   ② 3개   ③ 4개

12

대화를 듣고, 유미의 동생이 할 수 있는 것을 고르시오. ····················· (   )

①

②

③

13

대화를 듣고, 남자 아이의 장래 희망을 고르시오. ························· (   )

①

②

③

14

다음을 듣고, 무엇에 대한 설명인지 고르시오. ······························· (   )

① 수건   ② 슬리퍼   ③ 비누

15

다음을 듣고, 자연스럽지 <u>않은</u> 대화를 고르시오. ······························· (   )

①   ②   ③

16

다음을 듣고, 자연스러운 대화를 고르시오.
································ (   )

①   ②   ③

17

다음을 듣고, 그림에 알맞은 설명을 고르시오.
······································ (   )

①   ②   ③

18

다음을 듣고, 이어지는 응답으로 적절하지 <u>않은</u>
것을 고르시오. ···················· (   )

W : _____

①   ②   ③

19

대화를 듣고, 이어질 응답으로 적절한 것을 고르
시오. ································ (   )

W : _____

① I am in the kitchen.
② I am watching TV.
③ I am a student.

20

대화를 듣고, 이어질 응답으로 적절한 것을 고르
시오. ································ (   )

B : _____

① I'm sorry.
② Open the window, please.
③ Oh, okay.

step 1

3학년 영어듣기 **어구받아쓰기** 08회

| 학습예정일 | 월 일 | 실제학습일 | 월 일 | 부모님확인란 | | 점수 | | 정답과 해석 21쪽 |

● MP3 파일을 잘 듣고, ㉠, ㉡ 중 알맞은 것을 골라서 따라 쓰시오.

1

① W : mug

② W : mouse

③ W : _____ [3점]

    ㉠ like   ㉡ love

2

M : book

① W : mood

② W : dish

③ W : _____ [4점]

    ㉠ body   ㉡ bank

3

M : _____ [5점]

    ㉠ brush   ㉡ wash

4

① W : spoon

② W : _____ [5점]

    ㉠ fork   ㉡ knife

③ W : glass

듣 기 실 력 쑥

1
① mug 머그컵
② mouse 쥐
③ love 사랑

2
book 책
① mood 분위기, 기분
② dish 접시
③ body 몸, 신체

3
wash 씻다

4
① spoon 숟가락
② fork 포크
③ glass 유리잔

5

① W : dish

② W : knife

③ W : _____ 5점

　　ㄱ soap　　ㄴ shampoo

6

W : _____ 5점

　　ㄱ mirror　　ㄴ comb

7

M : What are you doing?

W : I am _____ 5점 my teeth.

　　ㄱ washing　　ㄴ brushing

8

W : Minho, your _____ 5점 T-shirt is

　　ㄱ red　　ㄴ blue

pretty.

M : Thank you. I like the color blue.

듣 기 실 력 쑥

5
① dish 그릇
② knife 칼
③ shampoo 샴푸

6
mirror 거울

7
남: 너 뭐하고 있어?
여: 나는 이를 닦고 있어.

8
여: 민호야, 너의 파란색 티셔츠 예쁘다.
남: 고마워. 나는 파란색이 좋아.
색깔과 관련된 단어를 익혀봅시다.

blue 파란색
pink 분홍색
purple 보라색
yellow 노란색
green 초록색
grey 회색

9

W : _____ [3점] I use your soap?

　　㉠ May　　㉡ Can

M : Sure. Here you are.

10

① W : Please come here.

② W : _____ [3점] come here.

　　　㉠ Can't　　㉡ Don't

③ W : Come here.

11

M : How many spoons are there in the kitchen?

W : There are _____ [4점] spoons in the kitchen.

　　　㉠ three　　㉡ two

12

M : Yumi, can your sister write the English alphabet?

W : No, she can't. But she can _____ [5점]

　　　㉠ say　　㉡ speak

　　English.

13

W : Jack, what do you want to be in the future?

B : I want to be a soccer _____ [5점].

                    ㉠ shoes   ㉡ player

W : Oh, that's nice.

14

M : I'm in the bathroom. I'm slippery. I have

_____ [5점]. I can clean everything.

   ㉠ balloons   ㉡ bubbles

15

① W : What are you doing?

   M : I'm cleaning my room.

② W : Can you give me that?

   M : Of course. Here you go.

③ W : Please be _____ [5점].

              ㉠ quiet   ㉡ loud

   M : You're welcome.

듣기실력쑥

13
여: 잭, 너는 미래에 뭐가 되고 싶니?
소년: 저는 축구 선수가 되고 싶어요.
여: 오, 그거 멋있다.

14
남: 나는 화장실에 있어. 나는 미끄러워.
나는 거품을 가지고 있어. 나는 모든 것을 깨끗하게 할 수 있어.

15
① 여: 너 뭐하고 있어?
남: 나는 내 방을 청소하고 있어.
② 여: 나한테 그것 좀 줄 수 있어?
남: 물론이지. 여기 있어.
③ 여: 조용히 해 주세요.
남: 천만에요.

08회

16

① W : How is the _____ 5점 ?

             ㄱ weather   ㄴ day

  M : It's sunny.

② W : Where are your glasses?

  M : I don't want to go.

③ W : Let's play tennis together.

  M : It is a lion.

17

① W : There are two red flowers and three yellow
      flowers.

② W : There are three red flowers and five yellow
      flowers.

③ W : There are _____ 4점 red flowers
           ㄱ three   ㄴ ten

  and _____ 4점 yellow flowers.
        ㄱ five   ㄴ four

18

M : Jane, what are you _____ [4점]?

        ㉠ doing   ㉡ driving

① W : I'm a police officer.

② W : I'm studying English.

③ W : I'm doing my homework.

19

M : Kathy, where are you?

W : I am in the _____ [5점].

        ㉠ reading books   ㉡ living room

M : _____ [3점] are you doing there?

    ㉠ What   ㉡ Walk

20

W : Tom, are you busy?

B : No, Mom. I am not _____ [3점].

        ㉠ free   ㉡ busy

W : Then, please wipe the _____ [5점].

        ㉠ window   ㉡ door

step2 3학년 영어듣기 낱말받아쓰기 08회

학습예정일	월 일	실제학습일	월 일	부모님확인란	맞은개수

● 들려주는 단어를 잘 듣고, 영어노트에 받아쓰시오.

1 dish 접시 ▶ dish

2 fork 포크 ▶

3 pretty 예쁜 ▶

4 use 사용하다 ▶

5 come 오다 ▶

6 clean 깨끗하게 하다, 청소하다 ▶

7 quiet 조용한 ▶

8 yellow 노란색 ▶

9 study 공부하다 ▶

10 busy 바쁜 ▶

step3 3학년 영어듣기 통문장받아쓰기 08회

● 대화를 듣고, 영어노트에 문장을 받아쓰시오.

1 A : What do you want to be in the future?
너는 미래에 뭐가 되고 싶니?

B : I want to be a soccer player.
나는 축구 선수가 되고 싶어.

▶

2 A : Can you give me that? 그거 나한테 줄 수 있어?

B : Of course. Here you go. 물론이지, 여기 있어.

▶

3 A : Where are you? 어디에 있어?

B : I am in the living room. 나 거실에 있어.

▶

4 A : What are you doing there? 거기서 뭐해?

B : I am watching TV. TV 보고 있어.

▶

5 A : Are you busy? 바빠?

B : No, I am not busy. 아니, 나 안 바빠.

▶

09회 3학년 Words Practice

정답과 해석 24쪽

학습예정일	월 일	실제학습일	월 일	부모님확인란		맞은개수	

● 문제를 풀기 전에 단어를 미리 익혀둡시다!

01	crayon	크레용	11	spring	봄
02	ground	땅	12	test	시험
03	gold	금	13	autumn	가을
04	frog	개구리	14	twins	쌍둥이
05	smile	미소, 웃다	15	same	같은
06	wall	벽	16	age	나이
07	strong	강한	17	worry	걱정하다
08	vegetable	채소	18	difficult	어려운
09	lamp	램프, 등	19	cook	요리하다
10	headache	두통	20	scientist	과학자

1

다음 주어진 단어와 그림을 일치시키시오.

01 gold   •

02 frog   •

03 headache   •

04 lamp   •

05 twins   •

• 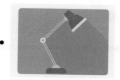 램프, 등

•  금

•  개구리

•  쌍둥이

•  두통

2

학습한 단어의 뜻을 아래 빈칸에 적으시오.

01 ground		06 test	
02 smile		07 same	
03 vegetable		08 worry	
04 strong		09 difficult	
05 spring		10 cook	

09회

3학년 영어듣기 모의고사

정답과 해석 24쪽

| 학습예정일 | 월 일 | 실제학습일 | 월 일 | 부모님확인란 | | 점수 | /100점 |

1

다음을 듣고, 첫소리가 <u>다른</u> 낱말을 고르시오.
··· (   )

①   ②   ③

2

다음을 듣고, 들려주는 단어와 첫소리가 같은 낱말을 고르시오. ····················· (   )

①   ②   ③

3

다음을 듣고, 빈칸에 알맞은 글자를 고르시오.
··· (   )

(   )all

① b   ② w   ③ t

4

다음을 듣고, 그림과 일치하는 낱말을 고르시오.
··· (   )

①   ②   ③

5

들려주는 낱말과 일치하는 것을 고르시오.
··· (   )

①   ②

③

6

들려주는 낱말과 일치하는 것을 고르시오.
·· (   )

①

②

③

7

다음 낱말을 듣고, 알맞은 뜻을 고르시오.
·· (   )

① 식탁   ② 꽃병   ③ 카펫

8

대화를 듣고, 남자의 기분을 가장 잘 나타내는 그림을 고르시오. ····················· (   )

①

②

③

9

다음을 듣고, 설명과 일치하는 그림을 고르시오.
·· (   )

①

②

③

10

다음을 듣고, 계절을 나타내는 낱말이 <u>아닌</u> 것을 고르시오. ·················· (   )

①   ②   ③

11

대화를 듣고, 책은 모두 몇 권이 있는지 고르시오. ·················· (   )

① 5권   ② 7권   ③ 12권

12

대화를 듣고, 어떤 상황에 나눌 수 있는 대화인지 고르시오. ·················· (   )

① 기분을 물을 때
② 자랑을 할 때
③ 소개를 할 때

13

대화를 듣고, 남자 아이가 찾고 있는 필통의 생김새를 고르시오. ·················· (   )

① 큰 회색 필통
② 작은 회색 필통
③ 큰 흰색 필통

14

대화를 듣고, 두 사람이 무엇에 대해 말하고 있는지 고르시오. ·················· (   )

① 생일   ② 계절   ③ 시험

15

다음을 듣고, 대화가 자연스러운 것을 고르시오. ·················· (   )

①   ②   ③

16

다음을 듣고, 그림에 알맞은 설명을 고르시오.
.... (   )

①   ②   ③

17

대화를 듣고, 윤호의 형제의 나이를 고르시오.
.... (   )

① 12살   ② 13살   ③ 15살

18

다음을 듣고, 이어지는 응답으로 적절하지 않은 것을 고르시오. .... (   )

W : _____

①   ②   ③

19

대화를 듣고, 이어질 응답으로 적절한 것을 고르시오. .... (   )

M : _____

① Oh, your teacher is very kind.
② Don't worry. I can help you.
③ No, I don't have homework.

20

다음을 듣고, 이어질 응답으로 적절한 것을 고르시오. .... (   )

M : _____

① She loves me.
② She is cooking.
③ She is a scientist.

step 1

3학년 영어듣기 **어구받아쓰기** **09**회

학습예정일	월 일	실제학습일	월 일	부모님확인란		점수	

정답과 해석 24쪽

● MP3 파일을 잘 듣고, ㉠, ㉡ 중 알맞은 것을 골라서 따라 쓰시오.

1

① W : _____ [4점]

    ㉠ clay   ㉡ crayon

② W : ground

③ W : gold

2

W : frog

① M : mouth

② M : smile

③ M : _____ [5점]

    ㉠ flower   ㉡ grass

3

M : _____ [5점]

    ㉠ wall   ㉡ floor

4

① W : sad

② W : old

③ W : _____ [5점]

    ㉠ weak   ㉡ strong

듣 기 실 력 쑥

1
① crayon 크레용
② ground 땅
③ gold 금

2
frog 개구리
① mouth 입
② smile 미소, 웃다
③ flower 꽃

3
wall 벽

4
① sad 슬픈
② old 늙은
③ strong 강한

5

W : _____ 5점
　　ㄱ vacations　　ㄴ vegetables

6

W : _____ 3점
　　ㄱ lamp　　ㄴ light

7

M : _____ 3점
　　ㄱ desk　　ㄴ table

8

W : Jay, you look _____ 3점 !
　　　　　ㄱ good　　ㄴ bad

M : I'm sick. I have a _____ 5점 .
　　　　　ㄱ stomachache　　ㄴ headache

듣 기 실 력 쑥

5
vegetables 채소
채소와 관련된 표현을 익혀봅시다.

carrot 당근
onion 양파
cucumber 오이
eggplant 가지

6
lamp 램프, 등

7
table 식탁

8
여: 제이, 너 안 좋아 보여!
남: 나 아파. 나는 두통이 있어.

9

W : Minsu is _____ [5점] on the sofa.

      ㄱ sleeping   ㄴ snowing

10

① M : spring

② M : _____ [4점]

      ㄱ cold   ㄴ hot

③ M : fall

11

W : _____ [4점] books do you have?

      ㄱ How much   ㄴ How many

M : I have _____ [5점] books.

      ㄱ twelve   ㄴ twenty

듣 기 실 력 쑥

9
여: 민수는 소파에서 자고 있다.

10
① spring 봄
② hot 더운
③ fall 가을
계절에 관한 표현을 익혀봅시다.

spring 봄
summer 여름
fall, autumn 가을
winter 겨울

11
여: 너는 몇 권의 책을 가지고 있니?
남: 나는 열 두 권의 책을 가지고 있어.

12

W : How are you _____ [5점]?

㉠ doing   ㉡ feeling

M : I feel sad.

13

W : What are you looking for?

M : I am looking for my pencil case.

W : What does it look like? Is it white?

M : No, it's grey. It's a _____ [5점] pencil case.

㉠ big grey   ㉡ small grey

14

M : I'm so nervous.

W : Why? Is anything wrong?

M : No, but I have a _____ [4점] today.

㉠ music test   ㉡ math test

W : Oh, good luck to you.

듣 기 실 력 쑥

12
여: 기분이 어때?
남: 슬퍼.

기분에 관련된 표현을 익혀봅시다.

sad 슬픈
upset 속상한
nervous 긴장되는, 불안한
happy 행복한

13
여: 뭐 찾고 있어?
남: 나는 내 필통을 찾고 있어.
여: 어떻게 생겼어? 하얀색이야?
남: 아니, 회색이야. 큰 회색 필통이야.

어떻게 생겼는지 묻고 답하는 표현을
익혀봅시다.

A: What does it look like?
   그건 어떻게 생겼니?
B: It's big and white.
   그것은 크고 흰색이야.

14
남: 나 너무 긴장돼.
여: 왜? 뭐 잘못된 것 있어?
남: 아니, 그런데 나 오늘 수학 시험
   이 있거든.
여: 오, 너에게 행운을 빌게.

15

① W : What day is it today?

　M : It's autumn.

② W : Do you like pandas?

　M : I can play soccer.

③ W : Good morning.

　M : Good _____ 5점 .

　　　　㉠ morning　　㉡ afternoon

16

① W : There are _____ 5점 boys and two

　　　　㉠ two　　㉡ ten

　girls in the library.

② W : There are three boys and one girl in the library.

③ W : There are two boys and one girl in the library.

17

G : Yunho, how old is your brother?

B : We are twins. So, we are the same age.

G : What? Is he _____ 5점 years old, too?

　　　　㉠ three　　㉡ thirteen

B : Yes, he is.

15
① 여: 오늘 무슨 요일이야?
　남: 가을이야.
② 여: 너 판다 좋아해?
　남: 나는 축구를 할 수 있어.
③ 여: 좋은 아침.
　남: 좋은 아침.

16
① 여: 두 명의 소년과 두 명의 소녀가 도서관에 있다.
② 여: 세 명의 소년과 한 명의 소녀가 도서관에 있다.
③ 여: 두 명의 소년과 한 명의 소녀가 도서관에 있다.

17
소녀: 윤호야, 너의 동생은 몇 살이야?
소년: 우리는 쌍둥이야. 그래서, 우리는 같은 나이야.
소녀: 뭐라고? 그도 13살이라는 거야?
소년: 응, 맞아.

18

M : Do you like playing _____ 5점 ?

㉠ socks   ㉡ soccer

① W : Yes, I like playing soccer.

② W : No, I don't.

③ W : No, I'm not a soccer player.

19

W : Can you help me?

M : What's the matter?

W : My math homework is very _____ 5점 .

㉠ difficult   ㉡ easy

20

W : What does your _____ 5점 do?

㉠ father   ㉡ mother

학습예정일	월 일	실제학습일	월 일	부모님확인란		맞은개수	

● 들려주는 단어를 잘 듣고, 영어노트에 받아쓰시오.

1	table	식탁	▶	table
2	bad	안 좋은, 나쁜	▶	
3	sleep	자다	▶	
4	fall	가을	▶	
5	sad	슬픈, 속상한	▶	
6	pencil case	필통	▶	
7	grey	회색	▶	
8	good luck	행운을 빌어	▶	
9	kind	친절한	▶	
10	homework	숙제	▶	

학습예정일	월 일	실제학습일	월 일	부모님확인란		맞은개수	

● 대화를 듣고, 영어노트에 문장을 받아쓰시오.

1 A : What are you looking for? 뭐 찾고 있어?

　 B : I am looking for my pencil case.
　 나는 내 필통을 찾고 있어.

　 ▶

2 A : How old is your brother? 너의 동생은 몇 살이야?

　 B : We are the same age. 우리는 같은 나이야.

　 ▶

3 A : Do you like playing soccer? 너는 축구하는 것 좋아하니?

　 B : No, I don't. 아니, 안 좋아해.

　 ▶

4 A : What's the matter? 무슨 일이야?

　 B : My homework is difficult. 내 숙제가 어려워.

　 ▶

5 A : What does your mother do? 너희 엄마는 뭐 하시니?

　 B : She is a scientist. 그녀는 과학자야.

　 ▶

정답과 해석 27쪽

| 학습예정일 | 월 일 | 실제학습일 | 월 일 | 부모님확인란 | | 맞은개수 | |

● 문제를 풀기 전에 단어를 미리 익혀둡시다!

01	short	짧은	
02	down	아래로, 아래에	
03	doll	인형	
04	baby	아기	
05	pants	바지	
06	robot	로봇	
07	guitarist	기타리스트	
08	park	공원	
09	cry	울다	
10	morning	아침	
11	eraser	지우개	
12	square	네모난, 정사각형	
13	round	둥근, 원	
14	green	초록색	
15	put on	입다	
16	jacket	재킷	
17	listen	듣다	
18	movie	영화	
19	badminton	배드민턴	
20	fruit	과일	

1

다음 주어진 단어와 그림을 일치시키시오.

01	down	•		•		울다
02	doll	•		•		인형
03	cry	•		•		듣다
04	listen	•		•		영화
05	movie	•		•		아래로, 아래에

2

학습한 단어의 뜻을 아래 빈칸에 적으시오.

01	short		06	round	
02	park		07	green	
03	robot		08	put on	
04	morning		09	fruit	
05	square		10	badminton	

10회 3학년 영어듣기 모의고사

정답과 해석 27쪽

학습예정일	월 일	실제학습일	월 일	부모님확인란		점수	/100점

1

다음을 듣고, 들려주는 단어와 첫소리가 같은 낱말을 고르시오. ····················· (   )

①   ②   ③

2

다음을 듣고, 들려주는 단어와 첫소리가 <u>다른</u> 낱말을 고르시오. ····················· (   )

①   ②   ③

3

다음을 듣고, 빈칸에 알맞은 글자를 고르시오.
································ (   )

(   )old

① m   ② f   ③ c

4

다음을 듣고, 그림과 일치하는 낱말을 고르시오.
································ (   )

①   ②   ③

5

들려주는 낱말과 일치하는 것을 고르시오.
································ (   )

①    ②

③

6

다음을 듣고, 그림과 일치하는 것을 고르시오.
··· (   )

① ② ③

7

다음을 듣고, 시간을 물어볼 때 쓰는 표현을 고르
시오. ································· (   )

①   ②   ③

8

대화를 듣고, 여자 아이가 할 수 있는 것을 고르
시오. ································· (   )

①    ②

③

9

대화를 듣고, 동하가 가고 있는 장소를 고르시오.
··· (   )

① 학교   ② 도서관   ③ 공원

10

대화를 듣고, 남자 아이의 모습으로 알맞은 것을 고르시오. ……………………… (   )

①

②

③

11

다음을 듣고, 그림에 알맞은 대화를 고르시오.

……………………………… (   )

①   ②   ③

12

다음을 듣고, 그림에 알맞은 대화를 고르시오.

……………………………… (   )

①   ②   ③

13

대화를 듣고, 어떤 상황에서 나눌 수 있는 대화인지 고르시오. ……………………… (   )

① 문방구에서 연필을 살 때
② 처음 보는 사람과 인사 할 때
③ 식당에서 음식을 주문할 때

14

대화를 듣고, 여자가 찾고 있는 가방의 생김새를 고르시오. ……………………… (   )

① 초록색 둥근 가방
② 검은색 둥근 가방
③ 초록색 네모난 가방

15

대화를 듣고, 현재 시각을 고르시오.
.... (   )

① 5시   ② 6시   ③ 9시

16

다음을 듣고, 대화가 자연스러운 것을 고르시오.
.... (   )

①   ②   ③

17

다음을 듣고, 대화가 어색한 것을 고르시오.
.... (   )

①   ②   ③

18

다음을 듣고, 이어지는 응답으로 적절하지 않은 것을 고르시오. .... (   )

W : _____

①   ②   ③

19

다음을 듣고, 이어질 응답으로 적절한 것을 고르시오. .... (   )

W : _____

① My favorite actor is Scarlett.
② My favorite fruit is oranges.
③ My favorite book is Harry Potter.

20

다음을 듣고, 이어질 응답으로 적절한 것을 고르시오. .... (   )

M : _____

① It is a fork.
② I am cleaning my room.
③ I like English books.

| 학습예정일 | 월 일 | 실제학습일 | 월 일 | 부모님확인란 | | 점수 | | 정답과 해석 27쪽 |

● MP3 파일을 잘 듣고, ㉠, ㉡ 중 알맞은 것을 골라서 따라 쓰시오.

1

M : pencil

① W : short

② W : _____ 5점

㉠ violin　　㉡ piano

③ W : brown

2

W : down

① M : dance

② M : doll

③ M : _____ 4점

㉠ baby　　㉡ adult

3

W : _____ 5점

㉠ cold　　㉡ hot

4

① W : bear

② W : cat

③ W : _____ 5점

㉠ money　　㉡ monkey

듣기실력쑥

1
pencil 연필
① short 짧은
② piano 피아노
③ brown 갈색

2
down 아래로, 아래에
① dance 춤, 춤추다
② doll 인형
③ baby 아기

3
cold 추운

4
① bear 곰
② cat 고양이
③ monkey 원숭이

5

M : _____ 5점

ㄱ skirt   ㄴ pants

6

① W : She is _____ 5점 a picture.

ㄱ drawing   ㄴ moving

② W : She is cleaning her room.

③ W : She is making a robot.

7

① W : I am hungry.

② W : What _____ 3점 is it?

ㄱ time   ㄴ top

③ W : Good afternoon.

8

B : Jina, can you play the _____ 3점 ?

ㄱ flute   ㄴ guitar

G : Yes, I can. I want to be a good guitarist.

듣 기 실 력 쑥

5
pants 바지

6
① 여: 그녀는 그림을 그리고 있다.
② 여: 그녀는 그녀의 방을 청소하고 있다.
③ 여: 그녀는 로봇을 만들고 있다.
본문에서 사용된 표현을 익혀봅시다.

draw a picture 그림을 그리다
clean a room 방을 청소하다
make a robot 로봇을 만들다

7
① 여: 나는 배고파.
② 여: 몇 시입니까?
③ 여: 좋은 오후.
시간을 묻고 답하는 표현을 익혀봅시다.

A: What time is it?
　몇 시입니까?
B: It's seven o'clock.
　7시 정각입니다.

8
소년: 지나야, 기타 연주를 할 수 있어?
소녀: 응, 할 수 있어. 나는 훌륭한 기타리스트가 되고 싶어.
악기와 관련된 단어를 익혀봅시다.

flute 피리, 플루트
violin 바이올린
piano 피아노

10회

9

W : Dong-ha, where are you going?

M : I'm going to the _____ 5점.

　　　　　　　　㉠ park　　　㉡ fork

10

G : Why are you crying, David?

B : I lost my bicycle this morning. I'm so _____ 3점.

　　　　　　　　　　　㉠ sad　　　㉡ happy

G : That's too bad.

11

① M : Do you like bananas?

　G : Yes, I do.

② M : Can you _____ 5점 the door for me,

　　　　㉠ close　　　㉡ open

　please?

　G : Sure.

③ M : Let's meet at the park.

　G : Okay, see you later.

듣 기 실 력 쑥

9
여: 동하야, 너 어디 가는 중이야?
남: 나는 공원에 가고 있어.
어디에 가고 있는지 묻고 답하는 표현
을 익혀봅시다.
A: Where are you going?
　어디 가는 중이에요?
B: I'm going to school.
　학교 가는 중이에요.

10
소녀: 왜 울고 있니, 데이비드?
소년: 오늘 아침에 내 자전거를 잃어
　　　버렸어. 난 너무 슬퍼.
소녀: 그것 참 안됐구나.

11
① 남: 바나나 좋아해?
　소녀: 네, 좋아해요.
② 남: 나를 위해 문 좀 열어줄 수 있어?
　소녀: 물론이죠.
③ 남: 공원에서 만나자.
　소녀: 네, 나중에 봐요.

12

① W : Do you like pizza?

　M : Yes, I like pizza.

② W : What's this?

　M : It's an eraser.

③ W : What are you doing?

　M : I'm _____ 5점 an English book.

　　　㉠ reading　　㉡ holding

13

W : How can I help you?

M : I want to buy two _____ 5점 .

　　　㉠ papers　　㉡ pencils

W : Sure, it's ten dollars.

14

M : What are you looking for?

W : I lost my bag.

M : Is it a square bag?

W : No, it's a _____ 5점 bag, and it's

　　　㉠ round　　㉡ square

_____ 3점 .

　㉠ brown　　㉡ green

듣 기 실 력 쑥

12
① 여: 피자를 좋아하니?
　남: 응, 나는 피자를 좋아해.
② 여: 이게 뭐야?
　남: 그건 지우개야.
③ 여: 뭐하고 있어?
　남: 영어책을 읽고 있어.
지금 무엇을 하는지 묻고 답하는 표현을 익혀봅시다.

A: What are you doing now?
　지금 뭐하고 있어?
B: I'm riding a bike.
　나는 자전거 타는 중이야.

13
여: 무엇을 도와드릴까요?
남: 연필 두 자루를 사고 싶은데요.
여: 네, 10달러입니다.

14
남: 무엇을 찾고 있니?
여: 가방을 잃어 버렸어.
남: 네모난 가방이니?
여: 아니, 둥근 가방이고, 초록색이야.
모양에 관련된 표현을 익혀봅시다.

round 둥근, 원
square 네모난, 정사각형
triangle 삼각형
rectangular 직사각형의, 직사각형

15

W : I'm hungry.

M : Is it time for dinner already?

W : Yes, it's already _____ 3점 o'clock.
  ㉠ seven   ㉡ six

Let's have some food.

16

① W : Put on your jacket.

  M : Yes, I am.

② W : _____ 5점 is he?
  ㉠ What   ㉡ Who

  M : He is my _____ 5점.
  ㉠ brother   ㉡ sister

③ W : Is this your notebook?

  M : I have a pencil.

15
여: 배고프다.
남: 벌써 저녁 먹을 시간인가?
여: 응, 벌써 6시 정각이야. 뭐 좀 먹자.

16
① 여: 재킷을 입으세요.
  남: 네, 맞아요.
② 여: 그는 누구예요?
  남: 그는 내 형제예요.
③ 여: 이것은 당신의 공책이에요?
  남: 저는 연필이 있어요.

17

① W : What time is it?

   M : It's seven o'clock.

② W : Is this your bag?

   M : Yes, it is.

③ W : Can you _____ [3점] the piano?

   　　　　　　ⓐ play　　　ⓑ make

   M : I like _____ [5점] to music.

   　　　　　　ⓐ looking　　　ⓑ listening

18

M : What will you do tomorrow?

① W : I will watch a movie.

② W : I will play badminton.

③ W : It will rain _____ [5점].

   　　　　　　ⓐ today　　　ⓑ tomorrow

19

M : What's your favorite _____ [5점]?

   　　　　　　ⓐ fruit　　　ⓑ vegetable

20

W : What are you _____ [3점]?

   　　　　　　ⓐ doing　　　ⓑ eating

17
① 여: 몇 시인가요?
　남: 7시 정각입니다.
② 여: 이것은 당신의 가방인가요?
　남: 네, 맞아요.
③ 여: 피아노 연주를 할 수 있어요?
　남: 저는 음악 듣는 것을 좋아해요.

18
남: 내일 뭐 할 거야?
① 여: 나는 영화를 볼 거야.
② 여: 나는 배드민턴 칠 거야.
③ 여: 내일은 비가 올 거야.

19
남: 가장 좋아하는 과일이 뭐예요?

20
여: 무엇을 하고 있니?

| 학습예정일 | 월 일 | 실제학습일 | 월 일 | 부모님확인란 | | 맞은개수 | |

● 들려주는 단어를 잘 듣고, 영어노트에 받아쓰시오.

1 draw   그리다 ▶ draw

2 make   만들다 ▶

3 hungry   배고픈 ▶

4 afternoon   오후 ▶

5 guitar   기타 ▶

6 lose   잃어버리다 ▶

7 already   벌써 ▶

8 rain   비 오다 ▶

9 favorite   가장 좋아하는 ▶

10 English   영어 ▶

학습예정일	월 일	실제학습일	월 일	부모님확인란		맞은개수	

● 대화를 듣고, 영어노트에 문장을 받아쓰시오.

1 A : What time is it? 지금 몇 시야?

B : It's seven o'clock. 7시 정각이야.

▶

2 A : Is this your bag? 이것은 너의 가방이니?

B : Yes, it is. 응, 맞아.

▶

3 A : What will you do tomorrow? 내일 뭐 할 거야?

B : I will watch a movie. 나는 영화를 볼 거야.

▶

4 A : What's your favorite fruit? 네가 가장 좋아하는 과일이 뭐야?

B : My favorite fruit is oranges.

내가 가장 좋아하는 과일은 오렌지야.

▶

5 A : What are you doing? 뭐하고 있니?

B : I am cleaning my room. 나는 내 방을 청소하고 있어.

▶

10회

학습계획표 20일 완성!

✔ 초등영어 받아쓰기 · 듣기 10회 모의고사를 100% 활용할 수 있도록 도와주는 학습계획표입니다.
스스로 학습 일정을 계획하고 학습 현황을 체크하면서 공부하는 습관은 문제집을 끝까지 푸는 데 도움을 줍니다.

Day	학습내용	학습결과		학습날짜		
1일차	**01**회 모의고사	맞음	/20	월	일	요일
2일차	**01**회 받아쓰기 학습	점수	/100	월	일	요일
3일차	**02**회 모의고사	맞음	/20	월	일	요일
4일차	**02**회 받아쓰기 학습	점수	/100	월	일	요일
5일차	**03**회 모의고사	맞음	/20	월	일	요일
6일차	**03**회 받아쓰기 학습	점수	/100	월	일	요일
7일차	**04**회 모의고사	맞음	/20	월	일	요일
8일차	**04**회 받아쓰기 학습	점수	/100	월	일	요일
9일차	**05**회 모의고사	맞음	/20	월	일	요일
10일차	**05**회 받아쓰기 학습	점수	/100	월	일	요일
11일차	**06**회 모의고사	맞음	/20	월	일	요일
12일차	**06**회 받아쓰기 학습	점수	/100	월	일	요일
13일차	**07**회 모의고사	맞음	/20	월	일	요일
14일차	**07**회 받아쓰기 학습	점수	/100	월	일	요일
15일차	**08**회 모의고사	맞음	/20	월	일	요일
16일차	**08**회 받아쓰기 학습	점수	/100	월	일	요일
17일차	**09**회 모의고사	맞음	/20	월	일	요일
18일차	**09**회 받아쓰기 학습	점수	/100	월	일	요일
19일차	**10**회 모의고사	맞음	/20	월	일	요일
20일차	**10**회 받아쓰기 학습	점수	/100	월	일	요일

01회

1. B / D / P
2. A
3. F
4. I / S / E
5. ㉠ gym
6. ㉡ six
7. ㉡ apartment
8. ㉠ bread
9. ㉡ mountain
10. ㉡ sad
11. ㉠ Hello
12. ㉠ Thank you
13. ㉡ sunny
14. ㉠ grandfather
15. ㉠ four
16. ㉡ doctor
17. ㉠ welcome
18. ㉠ ski
19. ㉡ doll / ㉠ Yes
20. ㉡ color

02회

1. M / D / G
2. D
3. R
4. W / X / O
5. ㉠ cat
6. ㉡ computer
7. ㉠ hospital
8. ㉡ I'm sorry
9. ㉠ rabbit
10. ㉡ umbrella
11. ㉠ Close
12. ㉡ black
13. ㉡ younger brother
14. ㉠ play
15. ㉡ snowing
16. ㉡ happy
17. ㉠ How many / ㉡ two / ㉠ three
18. ㉡ speak / ㉠ can
19. ㉠ like / ㉠ I do
20. ㉡ old / ㉠ years old

03회

1. B / E / P
2. Q
3. C
4. P / T / H
5. ㉡ river
6. ㉡ hat
7. ㉠ boat
8. ㉡ egg

9. ㉠ foot

10. ㉠ tomorrow

11. ㉠ playing baseball

12. ㉠ blue

13. ㉡ sandwich

14. ㉠ hot / ㉠ sun

15. ㉡ Good night

16. ㉡ flowers / ㉠ picture

17. ㉠ Sit down / ㉠ Nice to

18. ㉡ How / ㉠ fine / ㉠ Good

19. ㉡ your birthday / ㉠ want

20. ㉠ name

1. M

2. O

3. Y / I / U

4. ㉠ pancake

5. ㉡ airplane

6. ㉠ basketball

7. ㉠ hand

8. ㉠ carrot

9. ㉠ morning

10. ㉠ cleaning

11. ㉡ windy

12. ㉠ five

13. ㉠ twenty one

14. ㉠ four / ㉡ six

15. ㉡ Saturday

16. ㉠ order

17. ㉠ hobby / ㉠ games

18. ㉠ weather

19. ㉠ How

20. ㉠ going

1. I

2. X

3. H / C / N

4. ㉡ box

5. ㉠ gate

6. ㉠ coat

7. ㉠ See you

8. ㉠ kitchen

9. ㉠ drums

10. ㉡ talk

11. ㉠ come

12. ㉡ Where / ㉠ go

13. ㉠ two

14. ㉠ winter / ㉠ snowman

15. ㉡ ice cream

16. ㉠ raining

17. ㉠ running

18. ㉠ Do you / ㉠ I do

19. ㉡ How many

20. ㉠ Brush

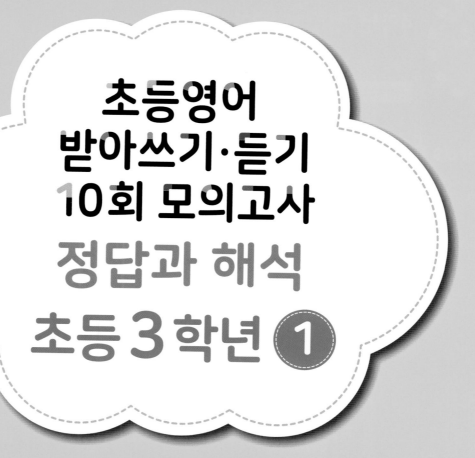

초등영어
받아쓰기·듣기
10회 모의고사
정답과 해석
초등3학년 ①

마더텅 학습 교재 이벤트에 참여해 주세요. 참여해 주신 모든 분께 선물을 드립니다.

이벤트 1 🎁 1분 간단 교재 사용 후기 이벤트

마더텅은 고객님의 소중한 의견을 반영하여 보다 좋은 책을 만들고자 합니다.
교재 구매 후, <교재 사용 후기 이벤트>에 참여해 주신 모든 분께는 감사의 마음을 담아
모바일 문화상품권 1천 원권 을 보내 드립니다. 지금 바로 QR 코드를 스캔해 소중한 의견을 보내 주세요!

이벤트 2 🎁 학습계획표 이벤트

STEP 1 책을 다 풀고 SNS 또는 수험생 커뮤니티에 작성한 학습계획표 사진을 업로드
필수 태그 #마더텅 #초등영어 #초받쓰 #학습계획표 #공스타그램
SNS/수험생 커뮤니티 페이스북, 인스타그램, 블로그, 네이버/다음 카페 등

STEP 2

왼쪽 QR 코드를 스캔하여
작성한 게시물의 URL 인증

참여해 주신 모든 분께는 감사의 마음을 담아 CU 모바일 편의점 상품권 1천 원권 및 B 북포인트 2천 점 을 드립니다.

이벤트 3 🎁 블로그/SNS 이벤트

STEP 1 자신의 블로그/SNS 중 하나에 마더텅 교재에 대한 사용 후기를 작성
필수 태그 #마더텅 #초등영어 #초받쓰 #교재리뷰 #공스타그램
필수 내용 마더텅 교재 장점, 교재 사진

STEP 2

왼쪽 QR 코드를 스캔하여
작성한 게시물의 URL 인증

참여해 주신 모든 분께는 감사의 마음을 담아 CU 모바일 편의점 상품권 2천 원권 및 B 북포인트 3천 점 을 드립니다.
매달 우수 후기자를 선정하여 모바일 문화상품권 2만 원권 과 B 북포인트 1만 점 을 드립니다.

B 북포인트란? 마더텅 인터넷 서점 http://book.toptutor.co.kr에서 교재 구매 시 현금처럼 사용할 수 있는 포인트입니다.

※자세한 사항은 해당 QR 코드를 스캔하거나 홈페이지 이벤트 공지글을 참고해 주세요.
※당사 사정에 따라 이벤트의 내용이나 상품이 변경될 수 있으며 변경 시 홈페이지에 공지합니다.   ※만 14세 미만은 부모님께서 신청해 주셔야 합니다.
※상품은 이벤트 참여일로부터 2~3일(영업일 기준) 내에 발송됩니다.   ※동일 교재로 세 가지 이벤트 모두 참여 가능합니다. (단, 같은 이벤트 중복 참여는 불가능합니다.)
※이벤트 기간: 2024년 12월 31일까지 (*해당 이벤트는 당사 사정에 따라 조기 종료될 수 있습니다.)

MOTHERTONGUE
마더텅출판사
since 1999.4.1.

3학년 정답과 해석

본문 4~15쪽

학습예정일	월 일	실제학습일	월 일	부모님확인란		점수	

Words Practice

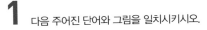

1 다음 주어진 단어와 그림을 일치시키시오.

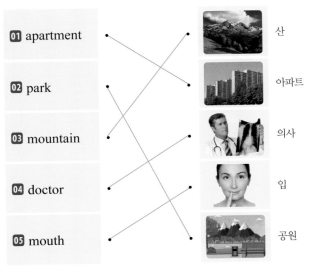

01 apartment — 산
02 park — 아파트
03 mountain — 의사
04 doctor — 입
05 mouth — 공원

2 학습한 단어의 뜻을 아래 빈칸에 적으시오.

01 gym	체육관	06 mother	엄마
02 subway	지하철	07 weather	날씨
03 bread	빵	08 teacher	선생님
04 river	강	09 problem	문제
05 name	이름	10 color	색깔

영어듣기 모의고사

정답과 단어	듣기대본	우리말 해석
1 정답 ①	① W : B ② W : D ③ W : P	① 여자: 비 ② 여자: 디 ③ 여자: 피
2 정답 ①	W : A	여자: 에이
3 정답 ③	M : F	남자: 에프
4 정답 ③	① W : I ② W : S ③ W : E	① 여자: 아이 ② 여자: 에스 ③ 여자: 이

5 정답 ①

① W : ⓐgym
② W : go
③ W : get

① 여자: 체육관
② 여자: 가다
③ 여자: 받다

---

6 정답 ③

M : ⓑsix

남자: 숫자 6

---

7 정답 ②

① M : train
② M : ⓑapartment
③ M : subway

① 남자: 기차
② 남자: 아파트
③ 남자: 지하철

---

8 정답 ①

W : ⓐbread

여자: 빵

---

9 정답 ③

① W : river
② W : park
③ W : ⓑmountain

① 여자: 강
② 여자: 공원
③ 여자: 산

---

10 정답 ②

sad　　슬픈

M : She is ⓑsad.

남자: 그 여자는 슬프다.

---

11 정답 ①

name　　이름
this　　이 사람, 이것
mother　　엄마
sorry　　미안한

① M : ⓐHello, my name is Michael.
② M : This is my mother.
③ M : I'm sorry.

① 남자: 안녕, 내 이름은 마이클이야.
② 남자: 이 사람은 우리 엄마야.
③ 남자: 미안해.

---

12 정답 ③

see　　보다
later　　나중에
sit down　　앉다
Thank you.　　고마워.

① W : See you later.
② W : Sit down, please.
③ W : ⓐThank you.

① 여자: 나중에 보자.
② 여자: 앉아주세요.
③ 여자: 고마워.

---

13 정답 ①

weather　　날씨
today　　오늘
sunny　　화창한, 맑은

W : How's the weather today?
M : It's ⓑsunny.

여자: 오늘 날씨가 어때?
남자: 화창해.

---

14 정답 ②

old　　나이 든, 늙은
man　　남자
this　　이 사람, 이쪽
grandfather　　할아버지

M : Who is this old man?
W : This is my ⓐgrandfather.

남자: 이 나이 든 남자는 누구야?
여자: 이 사람은 우리 할아버지야.

---

15 정답 ③

How many~?　　몇 개~?
orange　　오렌지
have　　가지다
four　　숫자 4

B : How many oranges do you have?
G : I have ⓐfour oranges.

소년: 너는 오렌지를 몇 개 가지고 있어?
소녀: 나는 오렌지 4개를 가지고 있어.

16 정답 ③

want to ~을 하고 싶다
be ~이 되다
teacher 선생님
doctor 의사

B : Do you want to be a teacher?
G : No, I want to be a ⓛdoctor.

소년: 너는 선생님이 되고 싶어?
소녀: 아니, 나는 의사가 되고 싶어.

17 정답 ②

bear 곰
sorry 미안한
You're welcome. 천만에요.
Nice to meet you. 만나서 반가워.
meet 만나다
too ~도, ~또한

① W : Is it a bear?
  M : Yes, it is.
② W : I'm sorry.
  M : You're ㉠welcome.
③ W : Hello, nice to meet you.
  M : Nice to meet you, too.

① 여자: 그거 곰이야?
  남자: 응, 맞아.
② 여자: 미안해.
  남자: 천만에.
③ 여자: 안녕, 만나서 반가워.
  남자: 나도 만나서 반가워.

18 정답 ②

Let's ~하자
skate 스케이트 타다
can't ~할 수 없다
but 하지만, 그러나
can ~할 수 있다
ski 스키 타다

G : Hey, Tom! Let's go skating.
B : I can't skate, but I can ㉠ski.
G : I can ski, too. Let's go skiing.

소녀: 이봐, 톰! 스케이트 타러 가자.
소년: 나는 스케이트 못 타, 하지만 스키는 탈 줄 알아.
소녀: 나도 스키 탈 줄 알아. 스키 타러 가자.

19 정답 ②

have 가지다
doll 인형
Help yourself. 마음껏 드세요.
No problem. 문제 없어요.
problem 문제

W : Do you have a ⓛdoll?
M : _____

① M : Help yourself.
② M : ㉠Yes, I do.
③ M : No problem.

여자: 당신은 인형을 가지고 있나요?
남자: _____

① 남자: 마음껏 드세요.
② 남자: 네, 가지고 있어요.
③ 남자: 문제 없어요.

20 정답 ③

have 가지다
nice 멋진
bag 가방
color 색깔
open 벌리다, 열다
mouth 입
green 초록색

W : I have a nice bag.
M : What ⓛcolor is it?
W : _____

① W : Yes, I do.
② W : Open your mouth.
③ W : It's green.

여자: 나는 멋진 가방을 가지고 있어.
남자: 그건 무슨 색깔이야?
여자: _____

① 여자: 응, 가지고 있어.
② 여자: 입 벌려.
③ 여자: 초록색이야.

02회

3학년 정답과 해석

본문 18~29쪽

학습예정일	월 일	실제학습일	월 일	부모님확인란	점수

02회

▬▬ Words Practice

1 다음 주어진 단어와 그림을 일치시키시오.

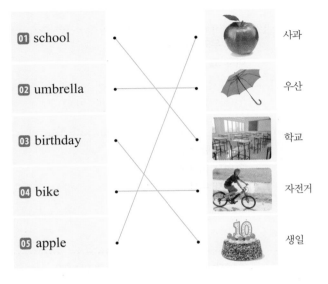

01 school
02 umbrella
03 birthday
04 bike
05 apple

사과
우산
학교
자전거
생일

2 학습한 단어의 뜻을 아래 빈칸에 적으시오.

01 elephant	코끼리	06 fruit	과일
02 rabbit	토끼	07 English	영어
03 piano	피아노	08 soccer	축구
04 because	왜냐하면	09 chicken	닭, 치킨
05 happy	행복한	10 hungry	배고픈

▬▬ 영어듣기 모의고사

정답과 단어	듣기대본	우리말 해석
1 정답 ③	① M : <u>M</u> ② M : <u>D</u> ③ M : <u>G</u>	① 남자: 엠 ② 남자: 디 ③ 남자: 쥐
2 정답 ②	M : <u>D</u>	남자: 디
3 정답 ③	W : <u>R</u>	여자: 알
4 정답 ①	① W : <u>W</u> ② W : <u>X</u> ③ W : <u>O</u>	① 여자: 더블유 ② 여자: 엑스 ③ 여자: 오
5 정답 ③	① M : dog ② M : elephant ③ M : ⊙cat	① 남자: 개 ② 남자: 코끼리 ③ 남자: 고양이

6 정답 ②

① W : school
② W : ⓒcomputer
③ W : park

① 여자: 학교
② 여자: 컴퓨터
③ 여자: 공원

---

7 정답 ③

M : ⓐhospital

남자: 병원

---

8 정답 ③

see 보다
again 다시
soon 곧

① B : Thanks, Mom.
② B : See you again soon.
③ B : ⓑI'm sorry.

① 소년: 고마워요, 엄마.
② 소년: 곧 다시 봐요.
③ 소년: 미안해요.

---

9 정답 ③

Look over there. 저기 봐.
rabbit 토끼
so 너무
cute 귀여운

M : Wow! Look over there. It's a ⓐrabbit.
W : Oh, it's so cute!

남자: 우와! 저기 봐. 토끼다.
여자: 오, 너무 귀엽다!

---

10 정답 ③

close 감다, 닫다
eye 눈
Come here. 이리 와.
take 가지고 가다
umbrella 우산

① W : Close your eyes.
② W : Come here.
③ W : Take your ⓑumbrella.

① 여자: 눈 감아.
② 여자: 이리 와.
③ 여자: 우산 가지고 가.

---

11 정답 ②

play 연주하다, 놀다
piano 피아노
close 닫다
door 문
open 열다
window 창문

① M : Can you play the piano?
② M : ⓐClose the door, please.
③ M : Open the window, please.

① 남자: 당신은 피아노를 연주할 줄 알아요?
② 남자: 문 닫아주세요.
③ 남자: 창문 열어주세요.

---

12 정답 ①

color 색깔
bag 가방
black 검은색

M : What color is your bag?
W : It's ⓑblack.

남자: 너의 가방은 무슨 색깔이야?
여자: 검은색이야.

---

13 정답 ③

guy 남자, 사내
younger brother 남동생
play basketball 농구하다

M : Who is this guy? Is this your ⓑyounger brother?
W : Yes, he is. He likes playing basketball.

남자: 이 남자는 누구니? 네 남동생이야?
여자: 응, 맞아. 그는 농구하는 것을 좋아해.

---

14 정답 ②

guitar 기타
but 하지만
violin 바이올린
awesome 멋진, 엄청난

G : Hey, Jake. Can you play the guitar?
B : No, I can't. But I can ⓐplay the violin.
G : Wow, it's awesome!

소녀: 이봐, 제이크. 너 기타 칠 수 있어?
소년: 아니, 못 쳐. 하지만 바이올린은 켤 줄 알아.
소녀: 우와, 멋진데!

15 정답 ③

weather 날씨
snow 눈이 내리다
now 지금

M : What's the weather like?
W : It's ⓑsnowing now.

남자: 날씨가 어때?
여자: 지금 눈이 내리고 있어.

16 정답 ①

happy 행복한
because 왜냐하면
today 오늘
my 나의
birthday 생일

G : Are you ⓑhappy?
B : Yes, I am.
G : Why?
B : It's because today is my birthday.

소녀: 너는 행복해?
소년: 응, 맞아.
소녀: 왜?
소년: 왜냐하면 오늘이 내 생일이기 때문이야.

17 정답 ③

How many~? 몇 개~?
fruit 과일
have 가지다
two 숫자 2
banana 바나나
and ~와, 그리고
three 숫자 3
orange 오렌지

B : ⓐHow many fruits do you have?
G : I have ⓑtwo bananas and ⓒthree oranges.

소년: 너는 과일을 몇 개 가지고 있어?
소녀: 나는 바나나 두 개와 오렌지 세 개를 가지고 있어.

18 정답 ①

speak 말하다
English 영어
play soccer 축구하다
Nice to meet you. 만나서 반가워.
bike 자전거

① W : Can you ⓑspeak English?
   M : Yes, I ⓐcan.
② W : Do you like playing soccer?
   M : Nice to meet you, too.
③ W : Do you have a bike?
   M : I'm 7 years old.

① 여자: 너는 영어로 말할 줄 알아?
   남자: 응, 할 줄 알아.
② 여자: 너는 축구하는 것 좋아해?
   남자: 나도 만나서 반가워.
③ 여자: 너는 자전거를 가지고 있어?
   남자: 나는 7살이야.

19 정답 ②

like 좋아하다
chicken 닭, 치킨
You're welcome. 천만에.
dog 개

W : Do you ⓐlike chickens?
M : _____

① M : You're welcome.
② M : Yes, ⓐI do.
③ M : No, it is a dog.

여자: 너는 닭을 좋아해?
남자: _____

① 남자: 천만에.
② 남자: 응, 좋아해.
③ 남자: 아니, 그건 개야.

20 정답 ①

How old~? 몇 살~?
hungry 배고픈
five 숫자 5
apple 사과

M : How ⓑold are you?
W : _____

① W : I'm 10 ⓐyears old.
② W : Yes, I am hungry.
③ W : I have five apples.

남자: 너는 몇 살이야?
여자: _____

① 여자: 나는 10살이야.
② 여자: 응, 나 배고파.
③ 여자: 나는 사과 5개를 가지고 있어.

Words Practice

1 다음 주어진 단어와 그림을 일치시키시오.

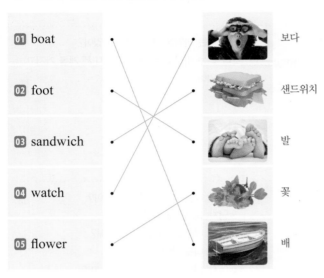

- 01 boat
- 02 foot
- 03 sandwich
- 04 watch
- 05 flower

- 보다
- 샌드위치
- 발
- 꽃
- 배

2 학습한 단어의 뜻을 아래 빈칸에 적으시오.

01	fine	좋은, 훌륭한	06	bakery	빵집
02	wake up	일어나다, 깨다	07	hot	더운, 뜨거운
03	baseball	야구	08	under	아래로
04	pencil	연필	09	picture	사진
05	blue	파란색	10	ski	스키 타다

영어듣기 모의고사

정답과 단어	듣기대본	우리말 해석
1 정답 ③	① W : B ② W : E ③ W : P	① 여자: 비 ② 여자: 이 ③ 여자: 피
2 정답 ②	W : Q	여자: 큐
3 정답 ②	M : C	남자: 씨
4 정답 ③	① M : P ② M : T ③ M : H	① 남자: 피 ② 남자: 티 ③ 남자: 에이치

5 정답 ③

M : ⓛriver

남자: 강

---

6 정답 ③

① W : dog
② W : cup
③ W : ⓛhat

① 여자: 개
② 여자: 컵
③ 여자: 모자

---

7 정답 ②

W : ㉠boat

여자: 배

---

8 정답 ②

① W : apple
② W : ⓛegg
③ W : grape

① 여자: 사과
② 여자: 달걀
③ 여자: 포도

---

9 정답 ②

① W : hand
② W : ㉠foot
③ W : nose

① 여자: 손
② 여자: 발
③ 여자: 코

---

10 정답 ②

How do you do?
　　처음 뵙겠습니다.
see　　보다
tomorrow　내일
kind　　친절한, 착한

① M : How do you do?
② M : See you ㉠tomorrow.
③ M : You are kind.

① 남자: 처음 뵙겠습니다.
② 남자: 내일 보자.
③ 남자: 너 친절하다.

---

11 정답 ③

read　　읽다
book　　책
have dinner　저녁을 먹다
play baseball　야구를 하다

① M : They are reading a book.
② M : They are having dinner.
③ M : They are ㉠playing baseball.

① 남자: 그들은 책을 읽고 있어.
② 남자: 그들은 저녁을 먹고 있어.
③ 남자: 그들은 야구를 하고 있어.

---

12 정답 ①

pencil　　연필
blue　　파란색의

M : Jiwon, is this your pencil?
W : No, it isn't. My pencil is ㉠blue.

남자: 지원아, 이거 너의 연필이야?
여자: 아니, 아니야. 내 연필은 파란색이야.

---

13 정답 ①

want　　원하다
lunch　　점심 식사
sandwich　샌드위치
then　　그럼, 그러면
bakery　　빵집

M : What do you want for lunch, Sarah?
W : I want a ⓛsandwich.
M : Then, let's go to the bakery.
W : Okay!

남자: 사라, 너는 점심 식사로 무엇을 원해?
여자: 나는 샌드위치를 원해.
남자: 그럼, 빵집으로 가자.
여자: 그래!

---

14 정답 ②

great　　좋은, 훌륭한
day　　날, 하루
too　　너무
hot　　더운, 뜨거운
sun　　해, 태양
today　　오늘
under　　아래로
tree　　나무

M : Isn't it a great day?
W : It is. But it's too ㉠hot.
M : Yes, the ㉠sun is hot today.
W : Let's go under the tree.

남자: 좋은 날이지 않니?
여자: 맞아. 하지만 너무 더워.
남자: 응, 오늘 해가 뜨겁다.
여자: 나무 아래로 가자.

정답과 단어	듣기대본	우리말 해석

15 정답 ③

watch   보다
wake up   일어나다, 깨다
Have a good night.
         잘 자.

① M : Let's watch TV.
   G : Okay!
② M : Wake up!
   G : Okay, Dad.
③ M : Have a good night.
   G : ⓛGood night.

① 남자: TV 보자.
    소녀: 네!
② 남자: 일어나렴!
    소녀: 네, 아빠.
③ 남자: 잘 자.
    소녀: 안녕히 주무세요.

---

16 정답 ①

look at   ~을 보다
flower   꽃
beautiful   아름다운
take a picture 사진 찍다

M : Look at the ⓛflowers!
W : They are so beautiful!
M : Let's take a ⓛpicture.
W : Okay.

남자: 꽃들 좀 봐!
여자: 진짜 아름답다!
남자: 사진 찍자.
여자: 그래.

---

17 정답 ①

sit down   앉다
Nice to meet you.
        만나서 반가워.
ski   스키 타다
have   가지다
bike   자전거

① M : ⓛSit down, please.
   W : ⓛNice to meet you.
② M : Can you ski?
   W : Yes, I can.
③ M : Do you have a bike?
   W : Yes, I do.

① 남자: 앉아주세요.
    여자: 만나서 반갑습니다.
② 남자: 당신은 스키 탈 줄 알아요?
    여자: 네, 알아요.
③ 남자: 당신은 자전거를 가지고 있나요?
    여자: 네, 가지고 있어요.

---

18 정답 ②

fine   잘, 좋은
You're welcome. 천만에.
Good.   좋아.

W: ⓛHow are you?
M: _____

① M : I'm ⓛfine.
② M : You're welcome.
③ M : ⓛGood.

여자: 어떻게 지내?
남자: _____

① 남자: 나는 잘 지내.
② 남자: 천만에.
③ 남자: 좋아.

---

19 정답 ②

want   원하다
your   너의
birthday   생일
Of course. 물론이지.
shirt   셔츠
do   하다

M : What do you want for ⓛyour birthday?
W : _____

① W : Of course.
② W : I ⓛwant a shirt.
③ W : Let's do it.

남자: 너의 생일에 무엇을 원해?
여자: _____

① 여자: 물론이지.
② 여자: 셔츠를 원해.
③ 여자: 그것을 하자.

---

20 정답 ③

have   키우다, 기르다
pet   애완동물
cat   고양이
his   그의
name   이름
cute   귀여운

M : Do you have a pet?
W : Yes, I have a cat.
M : Oh, what is his ⓛname?
W : _____

① He's cute.
② He is 3 years old.
③ His name is Leo.

남자: 너는 애완동물 키워?
여자: 응, 나는 고양이 키워.
남자: 오, 그의 이름은 뭐야?
여자: _____

① 그는 귀여워.
② 그는 3살이야.
③ 그의 이름은 레오야.

▬ Words Practice

1 다음 주어진 단어와 그림을 일치시키시오.

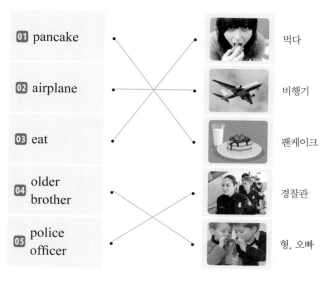

01 pancake
02 airplane
03 eat
04 older brother
05 police officer

먹다
비행기
팬케이크
경찰관
형, 오빠

2 학습한 단어의 뜻을 아래 빈칸에 적으시오.

01 basketball	농구	06 help	돕다
02 hand	손	07 clean	청소하다
03 hobby	취미	08 noise	소리, 소음
04 school	학교	09 game	게임
05 classroom	교실	10 math	수학

▬ 영어듣기 모의고사

정답과 단어	듣기대본	우리말 해석
1 정답 ②	W : <u>M</u>	여자: 엠
2 정답 ③	M : <u>O</u>	남자: 오
3 정답 ③	① W : <u>Y</u> ② W : <u>I</u> ③ W : <u>U</u>	① 여자: 와이 ② 여자: 아이 ③ 여자: 유
4 정답 ③	① M : lunch ② M : lake ③ M : ㉠pancake	① 남자: 점심 식사 ② 남자: 호수 ③ 남자: 팬케이크

5 정답 ①

① W : ⓛairplane
② W : car
③ W : bicycle

① 여자: 비행기
② 여자: 자동차
③ 여자: 자전거

---

6 정답 ①

W : ㄱbasketball

여자: 농구

---

7 정답 ①

M : ㄱhand

남자: 손

---

8 정답 ②

① M : monkey
② M : ㄱcarrot
③ M : horse

① 남자: 원숭이
② 남자: 당근
③ 남자: 말

---

9 정답 ③

snake   뱀
Good afternoon.   좋은 오후.
Good morning.   좋은 아침.

① W : Is it a snake?
② W : Good afternoon.
③ W : Good ㄱmorning.

① 여자: 그거 뱀이야?
② 여자: 좋은 오후.
③ 여자: 좋은 아침.

---

10 정답 ②

play football   축구를 하다
clean   청소하다
classroom   교실
eat   먹다
lunch   점심(식사)

① W : They are playing football.
② W : They are ㄱcleaning the classroom.
③ W : They are eating lunch.

① 여자: 그들은 축구를 하고 있어.
② 여자: 그들은 교실을 청소하고 있어.
③ 여자: 그들은 점심을 먹고 있어.

---

11 정답 ③

noise   소리, 소음
wind   바람
windy   바람이 부는
outside   밖에

W : What's that noise?
M : It's the wind. It's very ⓛwindy outside.

여자: 이게 무슨 소리야?
남자: 바람이야. 밖에 바람이 많이 불고 있어.

---

12 정답 ②

book   책
bag   가방
There are~.   ~가 있다.
five   숫자 5

W : How many books do you have in your bag?
M : There are ㄱfive books.

여자: 네 가방에 책이 몇 권 있어?
남자: 책 5권이 있어.

---

13 정답 ②

older brother   형, 오빠
How old ~ ?   몇 살 ~?

G : Who is he?
B : He is my older brother.
G : How old is he?
B : He is ㄱtwenty one years old.

소녀: 그 남자는 누구야?
소년: 그는 나의 형이야.
소녀: 그는 몇 살이야?
소년: 그는 21살이야.

---

14 정답 ①

four   숫자 4
dog   개
six   숫자 6
cat   고양이
room   방
five   숫자 5

① W : There are ㄱfour dogs and ⓛsix cats in the room.
② W : There are four dogs and five cats in the room.
③ W : There are five dogs and six cats in the room.

① 여자: 방에 개 4마리와 고양이 6마리가 있어.
② 여자: 방에 개 4마리와 고양이 5마리가 있어.
③ 여자: 방에 개 5마리와 고양이 6마리가 있어.

15 정답 ③

name 이름
love 정말 좋아하다
school 학교
teacher 선생님
day 요일, 하루, 날
today 오늘
Saturday 토요일

① W : What's your name?
　 M : I love dogs.
② W : Where is your school?
　 M : She is my teacher.
③ W : What day is it today?
　 M : It's ⓑSaturday.

① 여자: 이름이 뭐야?
　 남자: 나는 개가 정말 좋아.
② 여자: 네 학교는 어디 있어?
　 남자: 그녀는 내 선생님이야.
③ 여자: 오늘이 무슨 요일이야?
　 남자: 토요일이야.

16 정답 ③

May I help you?
도와드릴까요?
order 주문하다
cheeseburger 치즈 버거
dollar 달러

M : May I help you?
W : Can I ⓐorder a cheeseburger, please?
M : Sure, it's 5 dollars.

남자: 도와드릴까요?
여자: 치즈 버거를 주문할 수 있을까요?
남자: 물론이죠, 5달러입니다.

17 정답 ①

hobby 취미
play computer games
컴퓨터 게임을 하다
How about you? 너는 어때?

W : Jason, what is your ⓐhobby?
M : I like playing computer games. How about you?
W : Really? I like playing computer ⓑgames, too.

여자: 제이슨, 너는 취미가 뭐야?
남자: 나는 컴퓨터 게임 하는 것을 좋아해. 너는 어때?
여자: 정말? 나도 컴퓨터 게임 하는 거 좋아해.

18 정답 ③

weather 날씨
today 오늘
really 정말로
sunny 화창한
cold 추운
Monday 월요일

M : How's the ⓐweather today?
W : _____

① It's really sunny.
② It's cold outside.
③ It's Monday.

남자: 오늘 날씨가 어때?
여자: _____

① 정말로 화창해.
② 밖은 추워.
③ 월요일이야.

19 정답 ②

go 가다
school 학교
like 좋아하다
math 수학
bus 버스
library 도서관

W : ⓐHow do you go to school?
M : _____

① I like math.
② I go to school by bus.
③ I go to the library.

여자: 너는 학교에 어떻게 가?
남자: _____

① 나는 수학이 좋아.
② 나는 버스로 학교에 가.
③ 나는 도서관에 가.

20 정답 ③

How's it going? 어떻게 지내?
uncle 삼촌
police officer 경찰관
love 정말 좋아하다
play basketball 농구하다
I'm fine. 난 잘 지내.
Thank you. 고마워.

M : How's it ⓐgoing?
W : _____

① My uncle is a police officer.
② I love playing basketball.
③ I'm fine, thank you.

남자: 어떻게 지내?
여자: _____

① 내 삼촌은 경찰관이야.
② 나는 농구하는 것을 정말 좋아해.
③ 난 잘 지내, 고마워.

05회 3학년 정답과 해석

본문 60~71쪽

학습예정일	월 일	실제학습일	월 일	부모님확인란		점수	

▪ Words Practice

1 다음 주어진 단어와 그림을 일치시키시오.

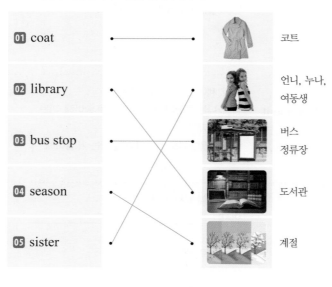

01 coat — 코트
02 library — 언니, 누나, 여동생
03 bus stop — 버스 정류장
04 season — 도서관
05 sister — 계절

2 학습한 단어의 뜻을 아래 빈칸에 적으시오.

01 box	상자	06 give	주다
02 kitchen	부엌	07 wonderful	멋있는
03 talk	말하다	08 cookie	쿠키
04 snack	과자	09 straight	곧장
05 favorite	가장 좋아하는	10 brush	닦다

▪ 영어듣기 모의고사

정답과 단어	듣기대본	우리말 해석
1 정답 ①	W : I	여자: 아이
2 정답 ③	M : X	남자: 엑스
3 정답 ③	① W : H ② W : C ③ W : N	① 여자: 에이치 ② 여자: 씨 ③ 여자: 엔
4 정답 ①	① M : ⓒbox ② M : pencil ③ M : eraser	① 남자: 상자 ② 남자: 연필 ③ 남자: 지우개
5 정답 ②	M : ㉠gate	남자: 문

6 정답 ①

① W : ㉠coat
② W : afternoon
③ W : orange

① 여자: 코트
② 여자: 오후
③ 여자: 오렌지

---

7 정답 ③

see 보다
next time 다음에, 다음 번에

① W : Long time no see.
② W : How are you?
③ W : ㉠See you next time.

① 여자: 오랜만이야.
② 여자: 잘 지내?
③ 여자: 다음에 보자.

---

8 정답 ③

W : ㉠kitchen

여자: 부엌

---

9 정답 ③

play 연주하다
guitar 기타
drum 드럼
wonderful 멋진, 훌륭한

B : Anna, can you play the guitar?
G : No, I can't. But I can play the ㉠drums.
B : Oh, that's wonderful.

소년: 애나, 너 기타를 연주할 수 있어?
소녀: 아니, 못 해. 하지만 나는 드럼 칠 줄 알아.
소년: 오, 멋있다.

---

10 정답 ②

run 뛰다, 달리다
library 도서관
talk 말하다
eat 먹다
snack 과자, 간식

① M : Don't run in the library.
② M : Don't ㉠talk in the library.
③ M : Don't eat snacks in the library.

① 남자: 도서관에서 뛰지 마.
② 남자: 도서관에서 말하지 마.
③ 남자: 도서관에서 과자 먹지 마.

---

11 정답 ③

birthday 생일
tomorrow 내일
really 정말
come 오다, 가다
birthday party 생일 파티

W : It's my birthday tomorrow.
M : Oh, really?
W : Yes. Can you ㉠come to my birthday party?
M : Of course. I will come.

여자: 내일이 내 생일이야.
남자: 오, 정말?
여자: 응. 내 생일 파티에 올 수 있어?
남자: 물론이지. 갈게.

---

12 정답 ②

bus stop 버스 정류장
just 그냥, 단지
straight 곧장, 똑바로
give 주다
camera 카메라

① W : What time is it?
   M : It's 2 o'clock.
② W : ㉠Where is the bus stop?
   M : Just ㉡go straight.
③ W : I will give you this camera.
   M : Oh, thank you.

① 여자: 몇 시예요?
   남자: 2시 정각이에요.
② 여자: 버스 정류장이 어디예요?
   남자: 그냥 곧장 가면 돼요.
③ 여자: 당신한테 이 카메라를 줄게요.
   남자: 오, 고마워요.

---

13 정답 ①

fruit 과일
There are ~. ~가 있다.
apple 사과
basket 바구니

M : I want some fruit.
W : There are some apples in the basket.
M : How many apples are there?
W : There are ㉠two apples.

남자: 과일 먹고 싶다.
여자: 바구니에 사과가 좀 있어.
남자: 거기에 사과가 몇 개 있는데?
여자: 사과 2개 있어.

---

14 정답 ③

favorite 가장 좋아하는
season 계절
winter 겨울
love 정말 좋아하다
make 만들다
snowman 눈사람

M : What is your favorite season?
W : My favorite season is ㉠winter.
M : Why?
W : It's because I love making a ㉡snowman.

남자: 가장 좋아하는 계절이 뭐야?
여자: 내가 가장 좋아하는 계절은 겨울이야.
남자: 왜?
여자: 나는 눈사람을 만드는 것을 정말 좋아하기 때문이야.

15 정답 ③

too	너무
hot	더운
ice cream	아이스크림
like	좋아하다
have	먹다, 가지다

M : It's too hot.
W : Yeah, I want some ice cream. Do you like ⓒice cream?
M : Yes, I do.
W : Let's have some ice cream.

남자: 너무 덥다.
여자: 응, 아이스크림 먹고 싶다. 너 아이스크림 좋아하니?
남자: 응, 좋아해.
여자: 아이스크림 먹자.

16 정답 ①

have	있다, 가지다
umbrella	우산
rain	비가 오다
outside	밖에
now	지금

W : Do you have an umbrella?
M : No, why?
W : It's ⓐraining outside now.
M : Oh, no.

여자: 너 우산 있어?
남자: 아니, 왜?
여자: 지금 밖에 비가 오고 있어.
남자: 아, 안돼.

17 정답 ②

mom	어머니, 엄마
work	일하다
like	좋아하다
running	달리기
sick	아픈

① W : Is your mom working?
   M : Yes, she is.
② W : What time is it now?
   M : I like ⓐrunning.
③ W : Are you okay?
   M : No, I'm sick.

① 여자: 너희 어머니는 일하셔?
   남자: 응, 맞아.
② 여자: 지금 몇 시야?
   남자: 나는 달리기를 좋아해.
③ 여자: 너 괜찮아?
   남자: 아니, 나 아파.

18 정답 ②

brother	형, 오빠, 남동생
dog	개
cookie	쿠키

① W : Is he your brother?
   M : She is 13 years old.
② W : ⓐDo you have a dog?
   M : Yes, ⓐI do.
③ W : Do you want some cookies?
   M : No, I can't.

① 여자: 그 남자가 너희 형이야?
   남자: 그녀는 13살이야.
② 여자: 너 개 키우니?
   남자: 응, 키워.
③ 여자: 쿠키 먹을래?
   남자: 아니, 못해.

19 정답 ②

sister	언니, 누나, 여동생
brother	오빠, 형, 남동생
How many~?	몇 명~?

M : Do you have a sister?
W : No, but I have brothers.
M : ⓑHow many brothers do you have?
W : _____

① He's 14 years old.
② I have two brothers.
③ He likes me, too.

남자: 너는 언니가 있어?
여자: 아니, 하지만 나는 오빠가 있어.
남자: 오빠가 몇 명 있어?
여자: _____

① 그는 14살이야.
② 나는 두 명의 오빠가 있어.
③ 그도 나를 좋아해.

20 정답 ①

brush	닦다
teeth	이(tooth의 복수형)
No thanks.	괜찮습니다, 아닙니다.
wash	씻다
dishes	그릇들(dish의 복수형)

W : ⓐBrush your teeth.
B : _____

① Okay, Mom.
② No thanks.
③ I'll wash the dishes.

여자: 이 닦으렴.
소년: _____

① 네, 엄마.
② 괜찮습니다.
③ 나는 그릇들을 씻을게요.

06회 3학년 정답과 해석

본문 74~85쪽

학습예정일	월 일	실제학습일	월 일	부모님확인란		점수	

▬ Words Practice

1 다음 주어진 단어와 그림을 일치시키시오.

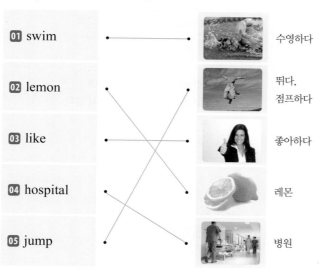

01 swim — 수영하다
02 lemon — 뛰다, 점프하다
03 like — 좋아하다
04 hospital — 레몬
05 jump — 병원

2 학습한 단어의 뜻을 아래 빈칸에 적으시오.

01 dance	춤, 춤추다	06 open	열다
02 tomato	토마토	07 drawing	그림 그리기, 그림
03 bird	새	08 nurse	간호사
04 sky	하늘	09 summer	여름
05 hurry	서두르다	10 art class	미술 수업

▬ 영어듣기 모의고사

정답과 단어	듣기대본	우리말 해석
1 정답 ②	W : M	여자: 엠
2 정답 ②	M : ㉠meet	남자: 만나다
3 정답 ①	① W : ㉠boy ② W : pig ③ W : piano	① 여자: 소년 ② 여자: 돼지 ③ 여자: 피아노
4 정답 ③	W : door ① M : cheese ② M : lemon ③ M : ㉡dance	여자: 문 ① 남자: 치즈 ② 남자: 레몬 ③ 남자: 춤, 춤추다

06회

5 정답 ③

① W : skate
② W : umbrella
③ W : ㉠tomato

① 여자: 스케이트 타다
② 여자: 우산
③ 여자: **토마토**

---

6 정답 ③

M : ㉠bird

남자: 새

---

7 정답 ③

M : ㉠hurry

남자: 서두르다

---

8 정답 ①

swim   수영하다
pool   수영장

M : What are you doing?
W : I am ㉠swimming in the pool.

남자: 너 뭐하고 있어?
여자: 나는 수영장에서 수영하고 있어.

---

9 정답 ③

everything   모든 것
white   하얀, 흰색
outside   밖의, 바깥쪽의
snow   눈이 오다
go out   나가다
play   놀다

W : Look! Everything is white outside.
M : Wow, it's ㉡snowing. Let's go out and play.

여자: 저것 봐! 밖의 모든 것이 하얘.
남자: 우와, 눈이 오고 있네. 나가서 놀자.

---

10 정답 ③

How many~?
  몇 마리~?, 몇 개~?
bird   새
sky   하늘
ten   숫자 10

M : How many birds are in the sky?
W : There are ㉠ten birds in the sky.

남자: 하늘에 몇 마리의 새가 있어?
여자: 하늘에 열 마리의 새가 있어.

---

11 정답 ③

read   읽다
book   책
open   열다
door   문
eat   먹다
pizza   피자

① M : He is reading a book.
② M : He is opening the door.
③ M : He is eating ㉠pizza.

① 남자: 그는 책을 읽고 있어.
② 남자: 그는 문을 열고 있어.
③ 남자: 그는 피자를 먹고 있어.

---

12 정답 ③

want   원하다
juice   주스
like   좋아하다
pineapple   파인애플
jump   뛰다, 점프하다

① W : I want some juice.
② W : I like pineapples.
③ W : I ㉡can jump.

① 여자: 나는 주스를 원해.
② 여자: 나는 파인애플이 좋아.
③ 여자: 나는 뛸 수 있어.

---

13 정답 ③

look   ~해 보이다
so   너무, 정말
happy   행복한
today   오늘
because   왜냐하면
art class   미술 수업
drawing   그림 그리기, 그림

M : Hi, Sharon. You ㉠look so happy today.
W : Yes. It's because I have an art class today.
M : Oh, you really like drawing.

남자: 안녕, 샤론. 너 오늘 너무 행복해 보인다.
여자: 응. 왜냐하면 나는 오늘 미술 수업이 있거든.
남자: 오, 너 정말 그림 그리기를 좋아하는 구나.

14 정답 ①

okay	괜찮은, 건강한
sick	아픈
cold	추운
see	보다
fever	열

M : Are you okay?
G : No, I am sick and ㉠cold.
M : Let me see. [pause] Oh, you have a fever!

남자: 괜찮아?
소녀: 아뇨, 저는 아프고 추워요.
남자: 어디 보자. [잠시 후] 오, 너는 열이 있구나!

15 정답 ③

birthday	생일
present	선물
soccer ball	축구공

W : John, what do you want for your birthday present?
B : I want a ㉠soccer ball.

여자: 존, 생일 선물로 무엇을 원하니?
소년: 저는 축구공을 원해요.

16 정답 ③

work	일하다
hospital	병원
doctor	의사
nurse	간호사

B : Judy, where does your mother work?
G : She works at a hospital.
B : Is she a doctor?
G : No, she is a ㉡nurse.

소년: 주디, 너희 어머니는 어디서 일하시니?
소녀: 그녀는 병원에서 일하셔.
소년: 그녀는 의사셔?
소녀: 아니, 그녀는 간호사이셔.

17 정답 ②

summer	여름
come	오다
too	너무
hot	더운
enjoy	즐기다
swim	수영하다
right	맞은, 옳은
still	여전히
hate	싫어하다

W : The ㉠summer is coming.
M : I don't like summer. It's too hot.
W : But you can enjoy swimming in the summer.
M : You're right. But I still hate summer.

여자: 여름이 다가오고 있어.
남자: 난 여름이 싫어. 너무 덥거든.
여자: 하지만 여름에는 수영을 즐길 수 있잖아.
남자: 맞아. 하지만 난 여전히 여름이 싫어.

18 정답 ②

skate	스케이트 타다
five	숫자 5
hamburger	햄버거
fruit	과일

① W : Can you skate?
   M : No, I can't.
② W : We want five ㉠hamburgers.
   M : Five? Okay.
③ W : I like fruit.
   M : Me, too.

① 여자: 스케이트 탈 수 있어요?
   남자: 아니요, 못 타요.
② 여자: 햄버거 다섯 개 주세요.
   남자: 다섯 개요? 알겠습니다.
③ 여자: 나는 과일이 좋아.
   남자: 나도.

19 정답 ③

like	좋아하다
melon	멜론
banana	바나나
hamster	햄스터

M : Do you like melons?
W : _____

① W : Yes, how about you?
② W : No, I like bananas.
③ W : No, I don't like ㉡hamsters.

남자: 너 멜론 좋아해?
여자: _____

① 여자: 응, 너는 어때?
② 여자: 아니, 난 바나나를 좋아해.
③ 여자: 아니, 나는 햄스터를 좋아하지 않아.

20 정답 ②

play baseball	야구하다
skate	스케이트 타다
together	함께
swim	수영하다

W : Can you play ㉠baseball?
M : _____

① M : Let's skate together.
② M : No, I ㉡can't play baseball.
③ M : Yes, I can swim.

여자: 너는 야구할 수 있니?
남자: _____

① 남자: 함께 스케이트 타자.
② 남자: 아니, 나는 야구할 수 없어.
③ 남자: 응, 나는 수영을 할 수 있어.

▬ Words Practice

1 다음 주어진 단어와 그림을 일치시키시오.

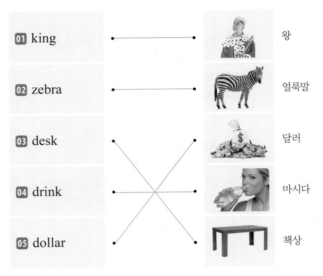

01 king	•	•	왕
02 zebra	•	•	얼룩말
03 desk	•	•	달러
04 drink	•	•	마시다
05 dollar	•	•	책상

2 학습한 단어의 뜻을 아래 빈칸에 적으시오.

01 kite	연	06 friend	친구
02 thirsty	목마른	07 house	집
03 lion	사자	08 late	늦은
04 face	얼굴	09 tasty	맛있는
05 homework	숙제	10 letter	편지

▬ 영어듣기 모의고사

정답과 단어	듣기대본	우리말 해석
1 정답 ①	① W : ⓑbread ② W : king ③ W : kite	① 여자: 빵 ② 여자: 왕 ③ 여자: 연
2 정답 ②	① W : tigers ② W : ⓑsnakes ③ W : zebras	① 여자: 호랑이 ② 여자: 뱀 ③ 여자: 얼룩말
3 정답 ①	W : ⓐlion	여자: 사자
4 정답 ③	M : ⓐswimming pool	남자: 수영장
5 정답 ③	① W : sofa ② W : desk ③ W : ⓑface	① 여자: 소파 ② 여자: 책상 ③ 여자: 얼굴

정답과 단어	듣기대본	우리말 해석

6 정답 ③

carrot 당근
There are ~. ~가 있다.

W : How many carrots are there?
① M : There are two carrots.
② M : There are four carrots.
③ M : There are ㉠five carrots.

여자 : 당근이 몇 개 있나요?
① 남자 : 당근 두 개가 있어요.
② 남자 : 당근 네 개가 있어요.
③ 남자 : 당근 다섯 개가 있어요.

---

7 정답 ②

new 새로운
bag 가방
help 도와주다, 돕다
homework 숙제

① W : Is that your new bag?
② W : Can you ㉠help me?
③ W : What is the homework?

① 여자 : 그것은 너의 새로운 가방이야?
② 여자 : 나를 도와줄 수 있어?
③ 여자 : 숙제가 뭐야?

---

8 정답 ②

thirsty 목마른
here 여기
drink 마시다
water 물

W : I'm ㉠thirsty.
M : Here, drink some water.

여자 : 나 목말라.
남자 : 여기, 물 좀 마셔.

---

9 정답 ②

boy 소년
girl 소녀
play soccer 축구를 하다

① W : Two boys and two girls are playing soccer.
② W : ㉠Two boys and ㉡three girls are playing soccer.
③ W : Three boys and three girls are playing soccer.

① 여자 : 두 명의 소년과 두 명의 소녀가 축구를 하고 있다.
② 여자 : 두 명의 소년과 세 명의 소녀가 축구를 하고 있다.
③ 여자 : 세 명의 소년과 세 명의 소녀가 축구를 하고 있다.

---

10 정답 ③

friend 친구
house 집
there 거기에
by car 자동차로
by subway 지하철로

W : Where are you going?
M : I'm going to my friend's house.
W : Are you going there by car?
M : No, I'm going there by ㉠subway.

여자 : 어디에 가고 있어?
남자 : 나는 내 친구 집에 가고 있어.
여자 : 거기에 차 타고 갈 거야?
남자 : 아니, 나는 지하철 타고 갈 거야.

---

11 정답 ①

room 방
It's time to ~. ~할 시간이다.
time 시간
eat dinner 저녁 먹다
come 오다

M : Lora, where are you?
G : I'm in my ㉠room. Why?
M : It's time to eat dinner. Come and help your mom.

남자 : 로라, 어디에 있니?
소녀 : 저는 제 방에 있어요. 왜요?
남자 : 저녁 먹을 시간이다. 와서 엄마를 도우렴.

---

12 정답 ③

now 지금
already 벌써
late 늦은

M : ㉠What time is it now?
W : It's already eight thirty. We're late!

남자 : 지금 몇 시야?
여자 : 벌써 8시 30분이야. 우리는 늦었어!

---

13 정답 ①

pet 애완동물
white 하얀, 흰색
dog 개
small 작은
very 매우, 아주
big 큰

G : Do you have a pet?
B : Yes, I have a ㉠white dog.
G : Is she small?
B : No, she's very ㉡big.

소녀 : 너 애완동물 있어?
소년 : 응, 나는 하얀 개가 있어.
소녀 : 작니?
소년 : 아니, 매우 커.

14 정답 ②

like 좋아하다
How about~? ~는 어때?
kiwi 키위
love 정말 좋아하다
tasty 맛있는

G : Nick, do you like bananas?
B : No, I don't.
G : How about ㉠kiwis? I love them.
B : I ㉡like them, too. They are tasty.

소녀: 닉, 너 바나나 좋아해?
소년: 아니, 안 좋아해.
소녀: 키위는 어때? 나는 그것들이 정말 좋아.
소년: 나도 그것들이 좋아. 그것들은 맛있잖아.

---

15 정답 ③

pen 펜
on ~위에
desk 책상
speak 말하다
too 너무
loud (소리가) 크게

① W : Where is your pen?
　 M : It's on the desk.
② W : Don't speak too loud.
　 M : Okay.
③ W : ㉡How many mangos do you want?
　 M : I want two ㉢mangos.

① 여자: 당신의 펜은 어디에 있나요?
　 남자: 책상 위에 있어요.
② 여자: 너무 크게 말하지 마세요.
　 남자: 알겠습니다.
③ 여자: 망고 몇 개 원하세요?
　 남자: 망고 두 개 원해요.

---

16 정답 ③

know 알다
math teacher 수학 선생님
write 쓰다
letter 편지

W : Do you know my math ㉡teacher?
M : Mr. Kim? Yes, I know him. Why?
W : Today is his birthday. Let's write a letter to him!

여자: 너 내 수학 선생님 알아?
남자: 김 선생님? 응, 알아. 왜?
여자: 오늘은 그의 생일이야. 선생님께 편지 쓰자!

---

17 정답 ②

red 빨간색의, 빨간색
open 열다
door 문
very much 매우 (많이)

① W : Do you have a pet?
　 M : Me, too.
② W : Is your car ㉡red?
　 M : Yes, it is.
③ W : Open the door, please.
　 M : Thank you very much.

① 여자: 애완동물 있어요?
　 남자: 저도요.
② 여자: 당신의 차는 빨간색인가요?
　 남자: 네, 맞아요.
③ 여자: 문 좀 열어 주세요.
　 남자: 매우 감사합니다.

---

18 정답 ②

orange 오렌지
There are ~. ~가 있다.
cat 고양이
small 작은
in ~안에
car 차, 자동차

① W : How many oranges are there?
　 M : There are two oranges.
② W : Is your cat ㉠small?
　 M : I like cats, too.
③ W : Where are you?
　 M : I am in the car.

① 여자: 오렌지가 몇 개 있어?
　 남자: 오렌지 두 개가 있어.
② 여자: 너의 고양이는 작아?
　 남자: 나도 고양이가 좋아.
③ 여자: 너 어디 있어?
　 남자: 나는 차 안에 있어.

---

19 정답 ②

tomato 토마토
seven 숫자 7
dollar 달러

W : How ㉠much is it?
M : _____

① It's a tomato.
② It's seven dollars.
③ It's two o'clock.

여자: 그거 얼마예요?
남자: _____

① 그건 토마토입니다.
② 7달러입니다.
③ 두 시 정각입니다.

---

20 정답 ①

doctor 의사
I'm fine. 저는 잘 지내요.
draw 그리다
picture 그림, 사진

W : What do you ㉠do?
M : _____

① I'm a doctor.
② I'm fine.
③ I'm drawing a picture.

여자: 직업이 무엇입니까?
남자: _____

① 저는 의사입니다.
② 저는 잘 지내요.
③ 저는 그림을 그리고 있습니다.

■■ Words Practice

1 다음 주어진 단어와 그림을 일치시키시오.

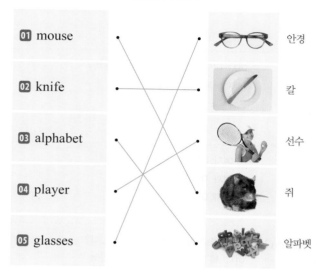

01 mouse
02 knife
03 alphabet
04 player
05 glasses

안경
칼
선수
쥐
알파벳

2 학습한 단어의 뜻을 아래 빈칸에 적으시오.

01 mood	분위기, 기분	06 slippery	미끄러운
02 body	몸, 신체	07 bubble	거품
03 glass	유리잔	08 living room	거실
04 mirror	거울	09 write	쓰다
05 everything	모든 것	10 wipe	닦다

■■ 영어듣기 모의고사

정답과 단어	듣기대본	우리말 해석
1 정답 ③	① W : mug ② W : mouse ③ W : ⓑlove	① 여자: 머그컵 ② 여자: 쥐 ③ 여자: 사랑
2 정답 ③	M : book ① W : mood ② W : dish ③ W : ㉠body	남자: 책 ① 여자: 분위기, 기분 ② 여자: 접시 ③ 여자: 몸, 신체
3 정답 ②	M : ⓑwash	남자: 씻다
4 정답 ②	① W : spoon ② W : ㉠fork ③ W : glass	① 여자: 숟가락 ② 여자: 포크 ③ 여자: 유리잔
5 정답 ③	① W : dish ② W : knife ③ W : ⓑshampoo	① 여자: 그릇 ② 여자: 칼 ③ 여자: 샴푸

6 정답 ①

W : ㉠mirror

여자: 거울

---

7 정답 ①

brush 닦다
teeth 이, 치아(tooth의 복수형)

M : What are you doing?
W : I am ㉡brushing my teeth.

남자: 너 뭐하고 있어?
여자: 나는 이를 닦고 있어.

---

8 정답 ③

blue 파란, 파란색
T-shirt 티셔츠
pretty 예쁜
color 색깔

W : Minho, your ㉠blue T-shirt is pretty.
M : Thank you. I like the color blue.

여자: 민호야, 너의 파란색 티셔츠 예쁘다.
남자: 고마워. 나는 파란색이 좋아.

---

9 정답 ②

use 사용하다
soap 비누
Here you are. 여기 있어.

W : ㉡Can I use your soap?
M : Sure. Here you are.

여자: 너의 비누를 사용할 수 있을까?
남자: 물론이지. 여기 있어.

---

10 정답 ②

come 오다
here 여기로

① W : Please come here.
② W : ㉡Don't come here.
③ W : Come here.

① 여자: 여기로 와 줘.
② 여자: 여기로 오지 마.
③ 여자: 여기로 와.

---

11 정답 ②

kitchen 부엌

M : How many spoons are there in the kitchen?
W : There are ㉠three spoons in the kitchen.

남자: 몇 개의 숟가락이 부엌에 있니?
여자: 세 개의 숟가락이 부엌에 있어.

---

12 정답 ①

write 쓰다
alphabet 알파벳
speak 말하다

M : Yumi, can your sister write the English alphabet?
W : No, she can't. But she can ㉡speak English.

남자: 유미야, 너의 여동생은 영어 알파벳을 쓸 수 있니?
여자: 아니, 쓸 수 없어. 하지만 영어로 말할 수는 있어.

---

13 정답 ③

future 미래
soccer player 축구 선수
nice 멋진

W : Jack, what do you want to be in the future?
B : I want to be a soccer ㉡player.
W : Oh, that's nice.

여자: 잭, 너는 미래에 뭐가 되고 싶니?
소년: 저는 축구 선수가 되고 싶어요.
여자: 오, 그거 멋있다.

---

14 정답 ③

bathroom 화장실
slippery 미끄러운
bubble 거품
clean 깨끗하게 하다, 청소하다
everything 모든 것

M : I'm in the bathroom. I'm slippery. I have ㉡bubbles. I can clean everything.

남자: 나는 화장실에 있어. 나는 미끄러워. 나는 거품을 가지고 있어. 나는 모든 것을 깨끗하게 할 수 있어.

---

15 정답 ③

give 주다
Here you go. 여기 있어.
quiet 조용한

① W : What are you doing?
　 M : I'm cleaning my room.
② W : Can you give me that?
　 M : Of course. Here you go.
③ W : Please be ㉠quiet.
　 M : You're welcome.

① 여자: 너 뭐하고 있어?
　 남자: 나는 내 방을 청소하고 있어.
② 여자: 나한테 그것 좀 줄 수 있어?
　 남자: 물론이지. 여기 있어.
③ 여자: 조용히 해 주세요.
　 남자: 천만에요.

16 정답 ①

weather 날씨
sunny 화창한
glasses 안경
play tennis 테니스 치다
together 함께
lion 사자

① W : How is the ㉠weather?
　 M : It's sunny.
② W : Where are your glasses?
　 M : I don't want to go.
③ W : Let's play tennis together.
　 M : It is a lion.

① 여자: 날씨 어때?
　 남자: 화창해.
② 여자: 너의 안경은 어디 있어?
　 남자: 나는 가기 싫어.
③ 여자: 함께 테니스 치자.
　 남자: 그건 사자야.

17 정답 ③

There are ~. ~가 있다.
red 빨간
flower 꽃
yellow 노란

① W : There are two red flowers and three yellow flowers.
② W : There are three red flowers and five yellow flowers.
③ W : There are ㉠three red flowers and ㉡four yellow flowers.

① 여자: 두 송이의 빨간 꽃과 세 송이의 노란 꽃이 있다.
② 여자: 세 송이의 빨간 꽃과 다섯 송이의 노란 꽃이 있다.
③ 여자: 세 송이의 빨간 꽃과 네 송이의 노란 꽃이 있다.

18 정답 ①

police officer 경찰관
study 공부하다
English 영어
homework 숙제

M : Jane, what are you ㉠doing?
W : _____

① W : I'm a police officer.
② W : I'm studying English.
③ W : I'm doing my homework.

남자: 제인, 너 뭐 하고 있어?
여자: _____

① 여자: 나는 경찰관이야.
② 여자: 나는 영어를 공부하고 있어.
③ 여자: 나는 내 숙제를 하고 있어.

19 정답 ②

living room 거실
kitchen 부엌
watch 보다
student 학생

M : Kathy, where are you?
W : I am in the ㉡living room.
M : ㉠What are you doing there?
W : _____

① I am in the kitchen.
② I am watching TV.
③ I am a student.

남자: 캐시, 너 어디에 있어?
여자: 나는 거실에 있어.
남자: 너 거기서 뭐하고 있어?
여자: _____

① 나는 부엌에 있어.
② 나는 TV를 보고 있어.
③ 나는 학생이야.

20 정답 ③

busy 바쁜
then 그러면
wipe 닦다
window 창문
open 열다

W : Tom, are you busy?
B : No, Mom. I am not ㉡busy.
W : Then, please wipe the ㉠window.
B : _____

① I'm sorry.
② Open the window, please.
③ Oh, okay.

여자: 톰, 바쁘니?
소년: 아뇨, 엄마. 안 바빠요.
여자: 그러면, 창문을 닦아주렴.
소년: _____

① 미안해요.
② 창문을 열어주세요.
③ 오, 알았어요.

학습예정일	월 일	실제학습일	월 일	부모님확인란		점수	

▬ Words Practice

1 다음 주어진 단어와 그림을 일치시키시오.

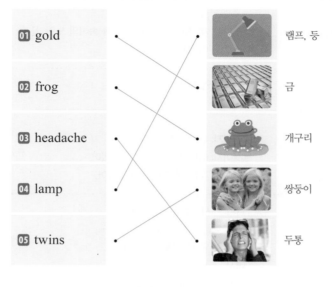

01 gold

02 frog

03 headache

04 lamp

05 twins

램프, 등

금

개구리

쌍둥이

두통

2 학습한 단어의 뜻을 아래 빈칸에 적으시오.

01 ground	땅	06 test	시험
02 smile	미소, 웃다	07 same	같은
03 vegetable	채소	08 worry	걱정하다
04 strong	강한	09 difficult	어려운
05 spring	봄	10 cook	요리하다

▬ 영어듣기 모의고사

정답과 단어	듣기대본	우리말 해석
1 정답 ①	① W : ⓛcrayon ② W : ground ③ W : gold	① 여자: 크레용 ② 여자: 땅 ③ 여자: 금
2 정답 ③	W : frog ① M : mouth ② M : smile ③ M : ㉠flower	여자: 개구리 ① 남자: 입 ② 남자: 미소, 웃다 ③ 남자: 꽃
3 정답 ②	M : ㉠wall	남자: 벽
4 정답 ③	① W : sad ② W : old ③ W : ⓛstrong	① 여자: 슬픈 ② 여자: 늙은 ③ 여자: 강한
5 정답 ③	W : ⓛvegetables	여자: 채소
6 정답 ②	W : ㉠lamp	여자: 램프, 등

7 정답 ①

M : ⓛtable

남자: 식탁

---

8 정답 ②

look	~해 보이다
bad	안 좋은, 나쁜
sick	아픈, 병든
headache	두통

W : Jay, you look ⓛbad!
M : I'm sick. I have a ⓛheadache.

여자: 제이, 너 안 좋아 보여!
남자: 나 아파. 나는 두통이 있어.

---

9 정답 ②

sleep	자다
sofa	소파

W : Minsu is ㉠sleeping on the sofa.

여자: 민수는 소파에서 자고 있다.

---

10 정답 ②

① M : spring
② M : ⓛhot
③ M : fall

① 남자: 봄
② 남자: 더운
③ 남자: 가을

---

11 정답 ③

How many ~ ?	몇 권~?, 몇 개~?
book	책
have	가지다
twelve	숫자 12

W : ⓛHow many books do you have?
M : I have ㉠twelve books.

여자: 너는 몇 권의 책을 가지고 있니?
남자: 나는 열 두 권의 책을 가지고 있어.

---

12 정답 ①

feel	느끼다
sad	슬픈

W : How are you ⓛfeeling?
M : I feel sad.

여자: 기분이 어때?
남자: 슬퍼.

---

13 정답 ①

look for	찾다
pencil case	필통
look like ~	~처럼 보이다
white	하얀, 흰색의
grey	회색의
big	큰

W : What are you looking for?
M : I am looking for my pencil case.
W : What does it look like? Is it white?
M : No, it's grey. It's a ㉠big grey pencil case.

여자: 뭐 찾고 있어?
남자: 나는 내 필통을 찾고 있어.
여자: 어떻게 생겼어? 하얀색이야?
남자: 아니, 회색이야. 큰 회색 필통이야.

---

14 정답 ③

nervous	긴장되는, 불안한
wrong	잘못된
math test	수학 시험
Good luck to you.	너에게 행운을 빌게.

M : I'm so nervous.
W : Why? Is anything wrong?
M : No, but I have a ⓛmath test today.
W : Oh, good luck to you.

남자: 나 너무 긴장돼.
여자: 왜? 뭐 잘못된 것 있어?
남자: 아니, 그런데 나 오늘 수학 시험이 있거든.
여자: 오, 너에게 행운을 빌게.

---

15 정답 ③

day	요일, 날
autumn	가을
panda	판다
play soccer	축구를 하다
Good morning.	좋은 아침.

① W : What day is it today?
    M : It's autumn.
② W : Do you like pandas?
    M : I can play soccer.
③ W : Good morning.
    M : Good ㉠morning.

① 여자: 오늘 무슨 요일이야?
    남자: 가을이야.
② 여자: 너 판다 좋아해?
    남자: 나는 축구를 할 수 있어.
③ 여자: 좋은 아침.
    남자: 좋은 아침.

정답과 단어	듣기대본	우리말 해석

16 정답 ①

There are ~. ~가 있다.
boy 소년
girl 소녀
library 도서관

① W : There are ㉠two boys and two girls in the library.
② W : There are three boys and one girl in the library.
③ W : There are two boys and one girl in the library.

① 여자: 두 명의 소년과 두 명의 소녀가 도서관에 있다.
② 여자: 세 명의 소년과 한 명의 소녀가 도서관에 있다.
③ 여자: 두 명의 소년과 한 명의 소녀가 도서관에 있다.

---

17 정답 ②

twins 쌍둥이
same 같은
age 나이
thirteen 숫자 13

G : Yunho, how old is your brother?
B : We are twins. So, we are the same age.
G : What? Is he ㉡thirteen years old, too?
B : Yes, he is.

소녀: 윤호야, 너의 동생은 몇 살이야?
소년: 우리는 쌍둥이야. 그래서, 우리는 같은 나이야.
소녀: 뭐라고? 그도 13살이라는 거야?
소년: 응, 맞아.

---

18 정답 ③

play soccer 축구하다
soccer player 축구 선수

M : Do you like playing ㉡soccer?
W : _____

① W : Yes, I like playing soccer.
② W : No, I don't.
③ W : No, I'm not a soccer player.

남자: 축구하는 것 좋아하니?
여자: _____

① 여자: 응, 축구하는 것 좋아해.
② 여자: 아니, 싫어해.
③ 여자: 아니, 나는 축구선수가 아니야.

---

19 정답 ②

help 도와주다, 돕다
matter 일, 문제
math 수학
homework 숙제
difficult 어려운
teacher 선생님
kind 친절한
Don't worry. 걱정하지 마.

W : Can you help me?
M : What's the matter?
W : My math homework is very ㉠difficult.
M : _____

① Oh, your teacher is very kind.
② Don't worry. I can help you.
③ No, I don't have homework.

여자: 나 좀 도와줄 수 있어?
남자: 무슨 일이야?
여자: 내 수학 숙제가 너무 어려워.
남자: _____

① 오, 너희 선생님은 매우 친절하구나.
② 걱정하지 마. 내가 널 도울 수 있어.
③ 아니, 난 숙제가 없어.

---

20 정답 ③

mother 어머니, 엄마
love 사랑하다
cook 요리하다
scientist 과학자

W : What does your ㉡mother do?
M : _____

① She loves me.
② She is cooking.
③ She is a scientist.

여자: 너희 어머니는 뭐 하시니?
남자: _____

① 그녀는 나를 사랑해.
② 그녀는 요리하는 중이야.
③ 그녀는 과학자야.

3학년 정답과 해석

Words Practice

1 다음 주어진 단어와 그림을 일치시키시오.

- 01 down
- 02 doll
- 03 cry
- 04 listen
- 05 movie

- 울다
- 인형
- 듣다
- 영화
- 아래로, 아래에

2 학습한 단어의 뜻을 아래 빈칸에 적으시오.

01 short	짧은	06 round	둥근, 원
02 park	공원	07 green	초록색
03 robot	로봇	08 put on	입다
04 morning	아침	09 fruit	과일
05 square	네모난, 정사각형	10 badminton	배드민턴

영어듣기 모의고사

정답과 단어	듣기대본	우리말 해석
1 정답 ②	M : pencil ① W : short ② W : ⓑpiano ③ W : brown	남자: 연필 ① 여자: 짧은 ② 여자: 피아노 ③ 여자: 갈색
2 정답 ③	W : down ① M : dance ② M : doll ③ M : ⓐbaby	여자: 아래로, 아래에 ① 남자: 춤, 춤추다 ② 남자: 인형 ③ 남자: 아기
3 정답 ③	W : ⓐcold	여자: 추운
4 정답 ③	① W : bear ② W : cat ③ W : ⓑmonkey	① 여자: 곰 ② 여자: 고양이 ③ 여자: 원숭이
5 정답 ③	M : ⓑpants	남자: 바지

6 정답 ①

draw 그리다
picture 그림, 사진
clean 청소하다
make 만들다
robot 로봇

① W : She is ㉠drawing a picture.
② W : She is cleaning her room.
③ W : She is making a robot.

① 여자: 그녀는 그림을 그리고 있다.
② 여자: 그녀는 그녀의 방을 청소하고 있다.
③ 여자: 그녀는 로봇을 만들고 있다.

---

7 정답 ②

hungry 배고픈

① W : I am hungry.
② W : What ㉠time is it?
③ W : Good afternoon.

① 여자: 나는 배고파.
② 여자: 몇 시입니까?
③ 여자: 좋은 오후.

---

8 정답 ②

play 연주하다
guitar 기타
good 훌륭한, 좋은
guitarist 기타리스트

B : Jina, can you play the ㉡guitar?
G : Yes, I can. I want to be a good guitarist.

소년: 지나야, 기타 연주를 할 수 있어?
소녀: 응, 할 수 있어. 나는 훌륭한 기타리스트가 되고 싶어.

---

9 정답 ③

park 공원

W : Dong-ha, where are you going?
M : I'm going to the ㉠park.

여자: 동하야, 너 어디 가는 중이야?
남자: 나는 공원에 가고 있어.

---

10 정답 ②

cry 울다
lost 잃어버렸다(lose 의 과거형)
bicycle 자전거
this morning 오늘 아침
sad 슬픈

G : Why are you crying, David?
B : I lost my bicycle this morning. I'm so ㉠sad.
G : That's too bad.

소녀: 왜 울고 있니, 데이비드?
소년: 오늘 아침에 내 자전거를 잃어버렸어. 난 너무 슬퍼.
소녀: 그것 참 안됐구나.

---

11 정답 ②

like 좋아하다
open 열다
door 문
meet 만나다
see 보다
later 나중에

① M : Do you like bananas?
　 G : Yes, I do.
② M : Can you ㉡open the door for me, please?
　 G : Sure.
③ M : Let's meet at the park.
　 G : Okay, see you later.

① 남자: 바나나 좋아해?
　 소녀: 네, 좋아해요.
② 남자: 나를 위해 문 좀 열어줄 수 있어?
　 소녀: 물론이죠.
③ 남자: 공원에서 만나자.
　 소녀: 네, 나중에 봐요.

---

12 정답 ③

pizza 피자
eraser 지우개
read 읽다
English book 영어책

① W : Do you like pizza?
　 M : Yes, I like pizza.
② W : What's this?
　 M : It's an eraser.
③ W : What are you doing?
　 M : I'm ㉠reading an English book.

① 여자: 피자를 좋아하니?
　 남자: 응, 나는 피자를 좋아해.
② 여자: 이게 뭐야?
　 남자: 그건 지우개야.
③ 여자: 뭐하고 있어?
　 남자: 영어책을 읽고 있어.

---

13 정답 ①

help 돕다
pencil 연필
dollar 달러

W : How can I help you?
M : I want to buy two ㉡pencils.
W : Sure, it's ten dollars.

여자: 무엇을 도와드릴까요?
남자: 연필 두 자루를 사고 싶은데요.
여자: 네, 10달러입니다.

14 정답 ①

look for 찾다
lost 잃어버렸다(lose의 과거형)
square 네모난, 정사각형
round 둥근, 원
green 초록색의

M : What are you looking for?
W : I lost my bag.
M : Is it a square bag?
W : No, it's a ⊙round bag, and it's ⓒgreen.

남자: 무엇을 찾고 있니?
여자: 가방을 잃어 버렸어.
남자: 네모난 가방이니?
여자: 아니, 둥근 가방이고, 초록색이야.

15 정답 ②

hungry 배고픈
dinner 저녁
already 벌써, 이미
have 먹다, 가지다

W : I'm hungry.
M : Is it time for dinner already?
W : Yes, it's already ⓒsix o'clock. Let's have some food.

여자: 배고프다.
남자: 벌써 저녁 먹을 시간인가?
여자: 응, 벌써 6시 정각이야. 뭐 좀 먹자.

16 정답 ②

put on 입다
jacket 재킷
brother 형제
notebook 공책
pencil 연필

① W : Put on your jacket.
　 M : Yes, I am.
② W : ⓒWho is he?
　 M : He is my ⊙brother.
③ W : Is this your notebook?
　 M : I have a pencil.

① 여자: 재킷을 입으세요.
　 남자: 네, 맞아요.
② 여자: 그는 누구예요?
　 남자: 그는 내 형제예요.
③ 여자: 이것은 당신의 공책이에요?
　 남자: 저는 연필이 있어요.

17 정답 ③

play 연주하다
piano 피아노
listen 듣다
music 음악

① W : What time is it?
　 M : It's seven o'clock.
② W : Is this your bag?
　 M : Yes, it is.
③ W : Can you ⊙play the piano?
　 M : I like ⓒlistening to music.

① 여자: 몇 시인가요?
　 남자: 7시 정각입니다.
② 여자: 이것은 당신의 가방인가요?
　 남자: 네, 맞아요.
③ 여자: 피아노 연주를 할 수 있어요?
　 남자: 저는 음악 듣는 것을 좋아해요.

18 정답 ③

will ~할 것이다
tomorrow 내일
watch 보다
movie 영화
play badminton 배드민턴 치다
rain 비가 오다

M : What will you do tomorrow?
W : _____

① W : I will watch a movie.
② W : I will play badminton.
③ W : It will rain ⓒtomorrow.

남자: 내일 뭐 할 거야?
여자: _____

① 여자: 나는 영화를 볼 거야.
② 여자: 나는 배드민턴 칠거야.
③ 여자: 내일은 비가 올 거야.

19 정답 ②

favorite 가장 좋아하는
fruit 과일
actor 배우
orange 오렌지

M : What's your favorite ⊙fruit?
W : _____

① My favorite actor is Scarlett.
② My favorite fruit is oranges.
③ My favorite book is Harry Potter.

남자: 가장 좋아하는 과일이 뭐예요?
여자: _____

① 내가 가장 좋아하는 배우는 스칼렛이에요.
② 내가 가장 좋아하는 과일은 오렌지예요.
③ 내가 가장 좋아하는 책은 해리포터예요.

20 정답 ②

fork 포크
clean 청소하다
room 방
English book 영어책

W : What are you ⊙doing?
M : _____

① It is a fork.
② I am cleaning my room.
③ I like English books.

여자: 무엇을 하고 있니?
남자: _____

① 그건 포크야.
② 나는 내 방을 청소하고 있어.
③ 나는 영어책을 좋아해.

★★★ 초등 필수 영단어 ★★★

필수 형용사

영단어	우리말 뜻
big	큰
small	작은
tall	키가 큰
short	짧은
easy	쉬운
hard	어려운
nice	좋은
good	좋은
bad	나쁜
great	엄청난
wonderful	훌륭한
beautiful	아름다운
sick	아픈
excellent	탁월한, 훌륭한
cute	귀여운
pretty	예쁜
old	늙은
young	어린
left	왼쪽의
right	오른쪽의

필수 동사

영단어	우리말 뜻
go	가다
come	오다, 가다
sleep	자다
jump	뛰다
run	달리다
play	놀다, 연주하다
open	열다
close	닫다
eat	먹다
meet	만나다
want	원하다
get	받다, 얻다
have	가지다, 있다
make	만들다
cook	요리하다
wake	일어나다
wait	기다리다
talk	말하다
speak	말하다
put	넣다, 놓다

★★★ 초등 필수 영단어 ★★★

숫자

영단어	우리말 뜻
one	숫자 1
two	숫자 2
three	숫자 3
four	숫자 4
five	숫자 5
six	숫자 6
seven	숫자 7
eight	숫자 8
nine	숫자 9
ten	숫자 10
eleven	숫자 11
twelve	숫자 12
thirteen	숫자 13
fourteen	숫자 14
fifteen	숫자 15
sixteen	숫자 16
seventeen	숫자 17
eighteen	숫자 18
nineteen	숫자 19
twenty	숫자 20

운동, 악기

영단어	우리말 뜻
soccer	축구
baseball	야구
basketball	농구
volleyball	배구
badminton	배드민턴
bowling	볼링
tennis	테니스
table tennis	탁구
swimming	수영
skiing	스키
skating	스케이트
hockey	하키
jogging	조깅
piano	피아노
violin	바이올린
guitar	기타
flute	플루트
drum	드럼
cello	첼로
harmonica	하모니카

★★★ 초등 필수 영단어 ★★★

직업, 장래희망

영단어	우리말 뜻
teacher	선생님
doctor	의사
nurse	간호사
police officer	경찰관
fire fighter	소방관
singer	가수
pilot	조종사
painter	화가
scientist	과학자
player	선수
actor	배우
writer	작가
farmer	농부
soldier	군인
cook	요리사
fisherman	어부
pianist	피아니스트
guitarist	기타리스트
judge	판사
lawyer	변호사

요일, 월

영단어	우리말 뜻
Monday	월요일
Tuesday	화요일
Wednesday	수요일
Thursday	목요일
Friday	금요일
Saturday	토요일
Sunday	일요일
January	1월
February	2월
March	3월
April	4월
May	5월
June	6월
July	7월
August	8월
September	9월
October	10월
November	11월
December	12월
Month	달, 월

초등학교 영어 선생님들께서 이 책을 추천하는 이유!

초등 영어의 핵심은 '듣기'와 읽기

듣기와 읽기만 되면 중학교 영어도 자신 있게 시작할 수 있습니다! 하지만 초등학생용 듣기 전문 교재는 거의 없는 실정입니다.

초등학교 수준으로는 최초로 선보이는 본격 받아쓰기 · 듣기 모의고사 교재!

• 진단평가, 학업성취도평가, 수행평가, 중학교 듣기평가까지 아우르는 다양한 문제 유형 수록
• 같은 지문으로 2가지 문제를 풀 수 있는 구성 (1회당 20문항 + 추가 문항 = 약 400문항 수록)

 〈초등영어 받아쓰기 · 듣기 10회 모의고사〉는 기존에 없던 초등학생 대상 모의고사 교재입니다.

모의고사 형태의 시험에 익숙하지 않은 아이들이 중학교에 가서 적잖이 당황하는 점을 염두에 두어 만들어진 책입니다.

초등학교 영어와 중학교 영어의 가교 역할을 할 뿐만 아니라 영어 듣기에 대한 여러 가지 노하우가 담긴

이 책과 함께라면 영어에 대한 귀를 열 수 있을 것입니다.

서울 마포구 'ㅅ'초등학교 영어전담교사 유선화 선생님

영어 듣기 학습에서 가장 효과적인 방법은 '영어 받아쓰기'

• 문장구조, 영어발음을 정확히 인식
• 집중력 상승 효과
• 키워드, 핵심문장 파악능력 상승
• 문장 의미 더 정확히 파악 가능

영어 듣기 실력 향상을 위해 받아쓰기의 효과를 극대화한 구성!

• 체계적인 3단계 받아쓰기 구성 (1단어 ➔ 2~5단어짜리 어구 ➔ 통문장)
• 같은 지문 반복 듣기 효과 (문제 풀고 ➔ 3번 받아쓰고 ➔ 1 + 1문제 또 풀고)

 'Dictation'이란 우리나라 말로 '받아쓰기'라는 의미입니다.

받아쓰기는 영어를 받아쓰면서 문장의 구조, 영어의 발음 등을 더 정확하게 익힐 수 있는 대표적인 공부 방법입니다.

또한 들리는 문장을 받아 적으면서 자신이 들은 문장의 의미를 더 정확히 이해할 수 있습니다.

〈초등영어 받아쓰기 · 듣기 10회 모의고사〉는 간단한 낱말 dictation에서부터 긴 문장 dictation까지

체계적인 순서로 영어 받아쓰기를 해볼 수 있도록 구성되어 있는 효율적인 교재입니다.

서울 강동구 'ㅁ'초등학교 영어전담교사 임동현 선생님

중학교 가면 완전 달라지는 영어시험, 쉽게 적응해 보세요!

• 초등학교 때는 접하지 못했던 다양한 유형들이 출제된다.
• 초등 영어보다 난이도가 확 높아진다.
• 시험 형식이 달라진다.

초등학교 영어와 중학교 영어를 이어주는 다리 역할을 해주는 교재!

• 중학 듣기평가 유형을 다양하게 변형하여 출제
• 중학 영어에 미리 대비할 수 있는 표현 수록
• 해당 학년보다 약간 상향 조정된 난이도

MOTHERTONGUE
마더텅출판사
since 1999.4.1.

3학년 ① 듣기모의고사 정답표 ....

01회

1	2	3	4	5	6	7	8	9	10
①	①	③	③	①	③	②	①	③	②

11	12	13	14	15	16	17	18	19	20
①	③	①	②	③	③	②	②	②	③

02회

1	2	3	4	5	6	7	8	9	10
③	②	③	①	③	②	③	③	③	③

11	12	13	14	15	16	17	18	19	20
②	①	③	②	①	①	③	①	②	①

03회

1	2	3	4	5	6	7	8	9	10
③	②	②	③	③	③	②	②	②	②

11	12	13	14	15	16	17	18	19	20
③	①	①	②	③	①	①	②	②	③

04회

1	2	3	4	5	6	7	8	9	10
②	③	③	③	①	①	①	②	③	②

11	12	13	14	15	16	17	18	19	20
③	②	②	①	③	③	①	③	②	③

05회

1	2	3	4	5	6	7	8	9	10
①	③	③	①	②	①	③	③	③	②

11	12	13	14	15	16	17	18	19	20
③	②	①	③	③	①	②	②	②	①

06회

1	2	3	4	5	6	7	8	9	10
②	②	①	③	③	③	③	①	③	③

11	12	13	14	15	16	17	18	19	20
③	③	②	①	③	③	②	②	③	②

07회

1	2	3	4	5	6	7	8	9	10
①	②	①	③	③	③	②	②	②	③

11	12	13	14	15	16	17	18	19	20
①	③	①	②	③	③	②	②	②	①

08회

1	2	3	4	5	6	7	8	9	10
③	③	②	②	③	①	①	③	②	②

11	12	13	14	15	16	17	18	19	20
②	①	③	③	③	①	③	①	②	③

09회

1	2	3	4	5	6	7	8	9	10
①	③	②	③	③	②	①	②	②	②

11	12	13	14	15	16	17	18	19	20
③	①	①	③	③	①	②	③	②	③

10회

1	2	3	4	5	6	7	8	9	10
②	③	③	③	③	①	②	②	③	②

11	12	13	14	15	16	17	18	19	20
②	③	①	①	②	②	③	③	②	②

06회

1. M
2. ㉠ meet
3. ㉠ boy
4. ㉡ dance
5. ㉠ tomato
6. ㉠ bird
7. ㉡ hurry
8. ㉠ swimming
9. ㉡ snowing
10. ㉠ ten
11. ㉠ pizza
12. ㉡ can
13. ㉠ look
14. ㉠ cold
15. ㉠ soccer ball
16. ㉡ nurse
17. ㉠ summer
18. ㉠ hamburgers
19. ㉡ hamsters
20. ㉠ baseball / ㉡ can't

07회

1. ㉡ bread
2. ㉡ snakes
3. ㉠ lion
4. ㉠ swimming pool
5. ㉡ face
6. ㉠ five
7. ㉡ help
8. ㉡ thirsty
9. ㉠ Two / ㉠ three
10. ㉠ subway
11. ㉡ room
12. ㉡ What time
13. ㉠ white / ㉡ big
14. ㉠ kiwis / ㉡ like
15. ㉡ How many / ㉡ mangos
16. ㉡ teacher
17. ㉡ red
18. ㉠ small
19. ㉠ much
20. ㉠ do

08회

1. ㉡ love
2. ㉠ body
3. ㉡ wash
4. ㉠ fork
5. ㉡ shampoo
6. ㉠ mirror
7. ㉡ brushing
8. ㉡ blue
9. ㉡ Can
10. ㉡ Don't

11. ㉠ three
12. ㉡ speak
13. ㉡ player
14. ㉡ bubbles
15. ㉠ quiet
16. ㉠ weather
17. ㉠ three / ㉡ four
18. ㉠ doing
19. ㉡ living room / ㉠ What
20. ㉡ busy / ㉠ window

1.   ㉡ crayon
2.   ㉠ flower
3.   ㉠ wall
4.   ㉡ strong
5.   ㉡ vegetables
6.   ㉠ lamp
7.   ㉡ table
8.   ㉡ bad / ㉡ headache
9.   ㉠ sleeping
10. ㉡ hot
11. ㉡ How many / ㉠ twelve
12. ㉡ feeling
13. ㉠ big grey
14. ㉡ math test
15. ㉠ morning
16. ㉠ two

17. ㉡ thirteen
18. ㉡ soccer
19. ㉠ difficult
20. ㉡ mother

1.   ㉡ piano
2.   ㉠ baby
3.   ㉠ cold
4.   ㉡ monkey
5.   ㉡ pants
6.   ㉠ drawing
7.   ㉠ time
8.   ㉡ guitar
9.   ㉠ park
10. ㉠ sad
11. ㉡ open
12. ㉠ reading
13. ㉡ pencils
14. ㉠ round / ㉡ green
15. ㉡ six
16. ㉡ Who / ㉠ brother
17. ㉠ play / ㉡ listening
18. ㉡ tomorrow
19. ㉠ fruit
20. ㉠ doing